박제가와 이덕무의 삶과 우정

운명아, 덤벼라!

박제가와 이덕무의 삶과 우정

운명아, 덤벼라!

초판 1쇄 발행 | 2022년 12월 15일

글쓴이 | 강민경
그린이 | 원유미

펴낸이 | 조미현
책임편집 | 황정원
편집진행 | 박단비
디자인 | 나비

펴낸곳 | (주)현암사
등록 | 1951년 12월 24일 · 제10-126호
주소 | 04029 서울시 마포구 동교로12안길 35
전화 | 02-365-5051 · 팩스 | 02-313-2729
전자우편 | child@hyeonamsa.com
홈페이지 | www.hyeonamsa.com
블로그 | blog.naver.com/hyeonamsa
인스타그램 | www.instagram.com/hyeonam_junior

ⓒ 강민경, 원유미 2022

ISBN 978-89-323-7582-3 73810

- 이 책은 저작권법에 따라 보호를 받는 저작물이므로 저작권자와 출판사의 허락 없이 이 책의 내용을 복제하거나 다른 용도로 쓸 수 없습니다.
- 책값은 뒤표지에 있습니다. 잘못된 책은 바꾸어 드립니다.
- 현암주니어는 (주)현암사의 아동 브랜드입니다.

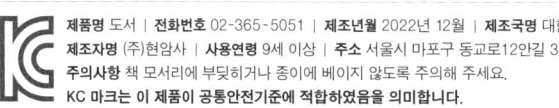

박제가와 이덕무의 삶과 우정

운명아, 덤벼라!

강민경 글 • 원유미 그림

현암 주니어

차례

글씨부터 만난 사람 6

운명아, 덤벼라! 14

한서 이불, 논어 병풍 27

백탑동 사랑방 40

누이여! 아, 누이여! 51

중국을 밟다 58

청을 배우리라 66

대궐에 들어가다 81
규장각 검서관이 되어 86
눈앞이 캄캄해지다 95
반성문을 써 올리라 103
세상에 나 홀로구나 112
벗 만나러 가는 길 120

작가의 말 128
세상에 나를 알아주는 단 한 사람만 있다면

글씨부터 만난 사람

"저 글씨는 뭔가?"

처남이자 벗인 백동수의 집에 들렀더니, 못 보던 글씨가 문에 걸려 있었다.

'초어정(樵漁亭)'

나무하고 고기잡이하며 한가로이 사는 사람의 집이라는 뜻이다. 뜻도 좋거니와 단 세 글자인데도 한 자 한 자가 성이 난 듯, 살아 움직이는 듯하여 눈을 뗄 수 없었다.

"참 좋지요?"

백동수가 싱긋 웃으며 대답했다. 백동수의 웃음에 의미심장함이 서려 있었다.

"불과 열다섯 살밖에 안 된 소년이 썼다면 믿으시겠습니까?"

열다섯 살 소년이 썼다는 말에 나는 다시 한번 놀라지 않을 수 없었다. 열다섯이 학문에 뜻을 두는 지학(志學)의 나이라고는 해도, 저리 힘이 넘치는 글씨가 나오기는 어려운 나이였다.

"기회가 된다면 한번 만나 보고 싶군."

나의 말에 백동수가 얼른 고개를 끄덕였다.

"고향의 아는 분인 승지 박평의 자제이니, 언제 한번 자리를 만들어 보겠습니다."

"혹 서얼인가?"

내 물음에 백동수는 쓴웃음으로 답을 대신했다.

나는 눈을 들어 먼 산을 바라보았다. 저 글씨의 주인도 나와 같은 서얼이라 생각하니, 글씨가 왜 그리 성난 파도 같은지 이해되었다. 본처의 소생이 아닌 서얼은 양반도 아니요, 그렇다고 상민도 아니었다. 반은 양반의 피가 흐르고 있고, 반은 첩이나 천민의 피가 흐르고 있었다. 그러다 보니 관직에 나아가기도 매우 어려웠고, 장사치 같은 일로 생계를 이을 수도 없었다.

백동수와 이야기를 나누는 동안 그 글씨가 자꾸 내 마음으로 걸어 들어오는 듯했다.

곧 자리를 만들겠다던 백동수의 약조와는 달리, 글씨의 주인을 만날 기회는 좀처럼 오지 않았다.

그사이 어머니가 돌아가시고, 아들 광규가 태어났다. 1년 후에는 대사동(지금의 낙원동)으로 이사를 하기도 했다. 슬픈 일과 기쁜 일을 한꺼번에 겪으며, 나는 어느새 그 글씨를 까맣게 잊고 지냈다.

그로부터 2년여가 지났을 무렵이던가? 겨울에 김자신이 내게 시 두 편을 주었다. 어떤 시인가 싶어 찬찬히 읽어 보았는데, '매화 지고 달은 휘영청'이라는 제목이 붙은 시가 유난히 눈에 들어왔다.

> 창 아래 가지에는 매화가 피어 있고
> 창 앞 하늘에는 둥그런 달이 떴구나
> 맑은 빛 빈 등걸에 비치어 드니
> 시든 꽃 뒤이어 피어나는 듯

글자 하나하나를 고민해서 시를 지은 것이 느껴졌다. 그렇다고 억지스러운 것도 아니었다. 기품이 묻어나는 시였다.

"누가 쓴 시인가?"

나는 참지 못하고 물었다. 김자신이 씨익 웃으며 대답했다.

"백동수의 집 문 위에 붙어 있던 글씨를 기억하는가?"

그 말을 들으니 2년 전에 얼핏 보았던 그 글씨에 대한 강렬한 느낌이 다시 살아났다.

"열다섯 소년이 썼다던……?"

"그렇다네. 그 글씨를 쓴 이가 지금은 열일곱이 되었지."

나는 다시 한번 그 시의 뜻을 새겼다. 나보다 아홉 살이나 어린 소년이 어떻게 이렇듯 기품 있고 힘 있는 시와 글씨를 쓸 수 있을까 신기하고도 궁금했다. 그를 꼭 한번 만나고 싶었다.

"이름이 뭐라 하던가?"

"박제가라고 하네. 다부진 몸에 딱 보기에도 영특해 보이는 눈빛을 가졌지."

나는 박제가를 꼭 만나고 싶었다. 기회를 만들어 보겠다고 했던 백동수에게 언제쯤 만나게 해 줄 거냐며 채근도 해 보았다. 혹여 길에서라도 만나면 먼저 아는 체하기 위해, 틈날 때마다 박제가의 생김새를 꼼꼼히 묻기도 했다. 그럼에도 박제가를 만날 기회는 좀처럼 오지 않았다. 이러구러 또 겨울이 지나갔다.

　백동수의 집은 냇가에 있다. 봄이면 얼음이 녹아 그 집을 굽이굽이 돌며 졸졸졸 흐르는 시냇물 소리가 상쾌했다.

　그날도 난 그 냇물 소리를 들으려고 백동수의 집으로 향하고 있었다. 천천히 걷다가 문득 누군가의 발걸음 소리를 느껴 뒤를 돌아보았더니, 한 젊은이가 나를 따라오고 있었다. 흰색 겹옷에 녹색 띠를 찬 평범한 옷차림이었지만, 그 너머로 발랄하고 재기 있는 기품이 뿜어져 나왔다. 나는 직감적으로 그가 박제가인 걸 알 수 있었다. 김 자신과 백동수가 말한 것처럼 이마가 약간 튀어나와 있었고, 짙은 눈썹 아래로 보이는 눈빛이 예사롭지 않게 반짝였다. 그 또한 나를 눈여겨보는 것이 느껴졌다.

　'박제가가 맞다면 나를 따라 백동수의 집으로 들어가겠지?'

　곁눈질로 뒤를 보면서 발걸음을 재촉했다. 그가 정말 박제가가 맞다면 얼른 그와 말을 섞어 보고 싶었다.

　아니나 다를까. 내가 백동수의 집에 들어서자, 그도 따라 들어왔다.

　"혹시 이덕무 선생이 아니신지요?"

　그가 먼저 나에게 다가와 아는 체를 했다.

"맞습니다. 혹 박제가……?"

"예, 제가 박제가입니다. 선생님 말씀은 많이 들었사오나, 제가 주변이 없어 지금에야 인사를 여쭙니다."

겸손하게 자기를 낮추는 말씨를 보니 역시 내가 생각했던 대로였다.

"저도 그대의 글과 글씨를 본 후, 꼭 한번 만나고 싶었습니다."

내 말에 박제가는 손사래를 치며 말을 놓으라고 하였다. 자신이 나보다 아홉 살이나 아래라는 것을 백동수에게 들어 알고 있었다. 그는 나를 스승으로 모시고 싶다며 허리를 굽혔다.

"스승이라니, 당치도 않네. 우리 좋은 친구로 지내기로 하지."

"하지만……."

나이를 떠나 그에게 배워야 할 것이 많을 듯한데, 스승과 제자로 만나는 것은 가당치 않았다. 나는 그와 벗이 되고 싶었다. 마음을 터놓고 이야기를 나눌 수 있는 벗, 기쁨과 슬픔을 함께 나눌 수 있는 벗, 서로 충고해 주고 서로 본받을 수 있는 그런 벗이 되고 싶었다.

"얼마 전에 혼인을 치러 가정을 이루었다고 들었네. 어른도 되었고 하니 친구로 지내세."

껄껄 웃는 내 말에 박제가는 부끄러운 듯 얼굴을 살짝 붉혔다.

우리는 그렇게 친구가 되었다.

운명아, 덤벼라!

"가난이 정신을 꺾을 수 있다고 보십니까?"

"그럴 수는 없지. 아무리 배를 곯아도 맑은 정신은 놓치지 말아야지."

"그렇지요?"

"그렇지."

이덕무와 친해진 것이 같은 서얼이라서만은 아니었다. 평소 어눌한 편인 내가 이상하게도 이덕무 앞에만 서면 막힘없이 술술 말이 나왔다. 다른 사람들은 내 말을 잘 알아듣지 못해도 그는 늘 고개를 끄덕이며 잘 이해해 주었다.

하지만 이덕무도 모르는 나만의 아픔이 있다. 이미 일가를 이루어 집안에서는 서자, 적자의 구분이 없는 이덕무였다.

그에 비해 내 아버지는 대를 이을 자식이 없어, 제도 형님을 양자로 들이셨다. 그런데 쉰이 넘은 나이에 뒤늦게 나를 보시자, 애지중지 아끼는 마음을 감추지 않으셨다.

"제가야, 이번 달치 종이니라."

아버지는 다달이 종이를 내려 주셨다. 나는 날마다 그 종이를 잘라 책을 만들었다. 책이라고 해 봐야 두 번째 손가락 크기쯤 되어 두 질을 겹쳐 놓아도 입으로 불면 날아갈 정도였다. 그래도 나는 책 만드는 일이 즐거웠다.

"그래, 이번엔 무슨 책을 엮었느냐?"

"지난달에 대학을 끝내고, 이번 달에는 맹자를 엮고 있습니다."

"허허, 그래. 청교의 담벼락이 네 글씨로 여백이 없더니, 종이 또한 남아나지 않겠구나. 내 종이는 마음껏 대 줄 테니, 마음껏 책을 읽고 만들려무나."

아버지의 말씀이 아니더라도 나는 책이 좋았다. 입에는 항상 붓을 물고 있었고, 변소에서도 모래에 그림을 그렸으며, 앉기만 하면 허

공에 글씨를 썼다. 한번 읽은 책은 꼭꼭 두세 벌씩 베껴 놓곤 했다.

어릴 적에는 아버지가 돌봐 주시는 것이 마냥 좋았는데, 철이 들면서부터는 제도 형님의 눈빛을 신경 써야 했다. 형님이야 스스럼없이 행동하셨지만, 난 괜히 주눅이 들었다.

게다가 나이가 들수록 나는 글공부가 부질없다는 걸 깨달았다. 글을 배워 머리가 채워질수록, 내 가슴은 점점 더 텅 비어 갔다. 날개를 펼 수 없는 캄캄한 앞날에 대한 분노로 마음은 늘 답답했다.

'공부를 하면 뭐 하나? 어차피 서자의 피라 글공부를 해도 뜻을 펼

칠 기회도 없을 텐데.'

 나는 세상과 점점 멀어졌다. 아예 등을 돌리고 싶었다. 권세 많거나 부유한 사람은 멀리서 보이기만 해도 고개를 돌리고 길을 돌아갔다. 반면 고매하면서 고독한 사람을 보면 나도 모르게 자꾸 마음이 갔다. 마음에 맞는 이도 없고 뜻이 맞는 이도 없어, 자꾸 곁에서 사람이 떨어져 나갔다.

 나와 마음이 맞는 이는 백 세대 이전의 인물이요, 내가 자유로운 곳은 만 리 밖 먼 땅뿐이었다.

 내가 열한 살 되던 해, 종이를 마음껏 대 주신다던 아버지는 따뜻한 눈빛만을 남기고 세상을 뜨셨다. 어머니와 난 본가에서 나와 묵동으로 거처를 옮겼다.

묵동에서 다시 구석진 필동으로, 필동에서 다시 묵동으로 옮겨 세들어 살다가 다시 필동으로 들어갔다. 5, 6년 사이 이리저리 떠도느라 키만큼 쌓였던 어린 날 내가 만든 책들은 대부분 길 위에 사라지고 말았다.

사라진 책들은 둘째 문제였다. 당장 먹을 끼니부터가 걱정이었다.

그러나 생계가 막막해도 양반의 자식이라 아무 일에나 덤빌 수도 없었다. 그러다 보니 어머니는 밤을 새 가며 남의 집 바느질을 하실 수밖에 없었다.

"어머니, 오늘도 밤을 새우십니까? 엊저녁에도 한숨도 못 주무시지 않았습니까?"

"나는 괜찮으니 너 먼저 잠자리에 들거라."

"어머니 안색이 안 좋습니다."

"이것만 마쳐 놓고 눈을 붙이마. 내일 일찍 서당에 가려면 일찍 쉬어라."

이것저것 가릴 처지가 못 되다 보니, 어머니는 시일이 급하거나 까다로워 남들이 거절한 일들을 많이 맡으셨다. 그러다 보니 자연히 밤을 새는 일이 많아졌다.

 그렇게 힘든 집안 사정에도 횃대에는 못 쓰게 된 솜으로 추위와 바람을 막아 줄 내 옷이 항상 걸려 있었다. 아침저녁 끼니도 잇지 못할 만큼의 양식밖에 없어도, 시렁에는 늘 내 먹을 음식이 놓여 있었다.

 새벽까지 등불에 의지해 저린 무릎을 두드리며 바느질을 하는 어머니를 보느니 차라리 내 몸이 힘든 게 나을 것 같았다.

 "어머니, 어머니나 드셔요. 저는 밖에서 많이 먹고 왔습니다."

 "아니다. 에미는 이미 많이 먹었다. 요기를 해야 책을 읽을 힘도 나오는 게다. 어서 먹어라."

 내 입에 양식이 들어가기 전에는 어머니도 굶으실 것을 알기에 나는 억지로 숟가락을 들어 배를 채웠다. 그것이 어머니의 낙이셨다.

 하지만 어려운 형편에서도 나를 서당에 보내는 것만큼은 포기하지 않으셨다. 또 내가 사귀는 사람들이 종종 어른과 손윗사람으로, 이름 있는 사람들이란 걸 알고 계셨다. 내 체면을 위해서 있는 힘을 다해 뒷바라지를 하셨다.

 "어머니, 어머니 몸부터 챙기세요. 어머니마저 편찮으시면 저는 누굴 의지합니까? 저도 이제 관례를 치른 어른입니다. 제 앞가림은 제게 맡기세요."

 내가 가슴속에 꾹꾹 눌러 온 말을 참지 못해 내지를 때마다 어머니의 가냘픈 어깨가 가늘게 떨렸다. 평소에도 생각을 잘 드러내지 않지만 내가 울분을 토할 때면 더더욱 입을 닫으셨다. 차라리 화를 내시거나 따끔하게 나를 야단치시면 더 나을 것 같았다.

 그런 어머니를 보면 더없이 마음이 아팠지만, 화가 불쑥 솟구쳐 오르면 나도 어쩔 수 없었다. 뚝뚝한 말투와 성마른 성격은 내 안의 화에서 비롯되었을 것이다.

 그럴 때면 나는 이덕무의 집에 찾아가곤 했다. 호리호리하고 예민해 보이는 겉모습과는 달리, 나를 바라보는 그의 눈빛은 늘 따뜻했다. 그 눈빛은 내 마음 깊은 곳에 감추어 둔 이야기들을 자연스럽게 꺼내 놓게 만들었다.

 "재선(박제가의 자), 성질을 죽이게. 성품은 그렇지 않은 사람이 왜 마음과 다른 소리를 해서 어머니 마음을 상하게 하는가?"

 마음속 말을 내질러 놓고 혼자 씩씩대고 있던 어느 날, 이덕무가 내게 말하였다.

"저는 제 핏줄이 싫습니다. 저는 이 땅 위에 있는 것도 아니고 없는 것도 아닙니다. 뜻을 품어도 펼칠 수 없고, 날개가 있어도 날 수 없습니다. 흔적을 남길 수도 안 남길 수도 없는 이런 삶이 싫습니다. 차라리 태어나지 말았어야 할 몸인 것 아닙니까?"

거침없이 토해 내는 울분을 이덕무는 가만히 들어주었다. 그렇다고 맞장구를 쳐 주지도, 그렇지 않다고 위로를 하지도 않았지만, 나는 그의 표정을 통해 위로를 받고 있었다.

"우리 처지가 그렇긴 해도, 세상에 태어나지 말았어야 할 생명이 어디 있겠나? 하루살이도 하늘의 뜻에 따라 이 세상에 왔다 가는 게 아니겠나? 우리가 인생을 살아가는 데에도 뭔가 뜻이 있지 않겠는가?"

이덕무는 조용조용 자신의 생각을 말했다. 과연 그럴까? 내 삶도 어딘가에 쓸모가 있을까? 내 인생에도 하늘이 두신 뜻이 있을까? 이덕무의 말이 계속해서 머리를 맴돌았다.

몇 차례 술잔이 오고 간 뒤 술기운 때문에 볼이 달아오르는 것이 느껴졌다. 나는 마음에서 나오는 대로 술술 이야기를 풀어냈다.

"사는 게 무엇이라고 생각하십니까?"

갑작스런 물음에 그는 눈을 껌뻑껌뻑할 뿐이었다.

"남들은 태어나기 이전부터 삶이 정해졌다는 둥, 사람 힘으로는 어쩔 수 없다는 둥 떠들지만 저는 그렇게 생각하지 않습니다."

당돌해 보일 수 있는 말을 툭 뱉었건만, 그의 얼굴은 내 말을 편견 없이 듣는 듯 담담해 보였다.

"그럼 자네는 삶을 어떻게 생각하는가?"

그가 내 말을 받아 주는 것을 느끼고, 나는 더욱 거침없이 이야기를 이어 나갔다.

"구물구물 기어가는 벌레나 날아다니는 곤충이라도 모두 제 나름대로의 모양이 있지요. 새끼로 태어났든, 알에서 태어났든 삶이 아니겠습니까? 어쩌다 보니까 물고기가 된 것이고, 어쩌다 보니 말이 된 것이요, 어쩌다 보니 제가 된 것입니다. 그런데도 사람들은 자기와 다르다고 비웃고 깔보지요.

내 삶에 대해 감히 누가 이러쿵저러쿵한단 말입니까? 태어나기 이전부터 내 삶이 정해져 있다고요? 내 힘으로 삶을 어찌할 수 없다고요? 운명이 나를 들었다 놨다 마음대로 할 수 있다면 나라고 그깟 운명을 마음대로 못 하겠습니까? 그 누가 비웃더라도, 아니 아무도 비웃지 못하도록 제 삶은 제가 만들 겁니다."

덤벼라!

내가 쏟아 놓는 말에 그는 적잖이 놀란 기색이었다. 웃음기 없는 얼굴로 한참을 묵묵히 있다가 이윽고 입을 열었다.

"자네가 나보다 어리긴 해도 평소 자네를 얕본 적이 없었네. 특히 오늘은 자네를 스승으로 모시고 싶다는 생각까지 드네."

"아이구, 당치 않은 말씀입니다."

그는 내 손을 덥석 잡았다.

"나야말로 운명이 나를 가로막고, 내 인생이 운명에 묶여 옴짝달

싹도 못 한다고 낙심하고 좌절하는 사람이었네. 세상에 맞설 용기도 없고 두려워 그냥저냥 운명이 이끄는 대로 한평생 살다 가려 했었지. 그런데 지금 자네 말을 듣고 보니, 부끄러워 자네 눈을 쳐다볼 수가 없네그려."

  우린 서로의 마음을 누구보다 잘 알고 있었다. 그도 나와 같은 생각을 했음을, 나의 운명이 나만의 운명이 아닌, 우리의 운명임을 느낄 수 있었다. 우리의 능력이 어떻든 간에 세상은 우리에게 곁을 내어 주지 않았다. 사람마다 주어진 운명이 다르고, 이렇게 무기력하게 살다 가는 것이 내 운명이라고 여기면 될 터였다. 하지만 나는 그러기 싫었다. 세상이 곁을 내어 주지 않는다면, 내가 자리를 만들면 된다. 운명이 나를 휘두른다면, 나도 운명을 휘두를 테다.

  운명아, 덤벼라! 내가 맞서 주마.

한서 이불, 논어 병풍

'운명의 사슬을 끊어 버린다.'

박제가의 말은 오래도록 내 머리를 서늘하게, 가슴을 뜨겁게 만들었다. 밤에 자려고 누웠다가도 박제가의 말이 떠오를 때면 다시 벌떡 일어나 앉았다.

왜 진작 그 생각을 하지 못했을까? 왜 나는 운명이 나를 휘두르도록 그냥 내버려 두기만 했을까? 그동안 운명에 휘둘린 내 삶이 생각할수록 억울하고 원통했다.

그러나 깨우침이 있다고 해서 나의 삶이 하루아침에 바뀌는 것은 아니었다. 특히 어릴 때부터 나를 괴롭혔던 지긋지긋한 가난은 쉽사리 내 곁을 떠날 것 같지 않았다.

작년 겨울만 해도 그랬다. 서재가 너무 추워서 나는 뜰 아래 조그마한 띳집으로 옮겨 가서 지냈다. 집은 너무 누추하여 벽에 언 얼음이 뺨을 비추고, 구들장의 그을음이 눈동자를 시리게 했다. 방바닥은 울퉁불퉁해서 물그릇을 놓아 두면 물이 엎질러지곤 했다. 햇살이 비치면 오랫동안 쌓였던 눈이 녹아 스며들어, 썩은 띠에서 누르스름한 장국 같은 물이 뚝뚝 떨어졌다. 한 방울이라도 손님의 도포에 떨어지면 손님은 깜짝 놀라 벌떡 일어났다.

"에구, 이게 뭡니까?"

"죄, 죄송합니다. 천장이 새나 봅니다. 날이 풀리면 얼른 고쳐야지요."

하지만 아직까지도 집을 수리하지 못했다.

낡은 집만이 문제는 아니었다. 우리 집은 내가 어려서부터 세 끼를 챙겨 먹어 본 적이 없다. 세 끼는커녕 오히려 하루 종일 굶는 때가 더 많았다. 하루 한 끼라도 거르지 않고 먹으면 그날은 다행이었다.

내가 장가를 들고 아비가 되어서도 가난은 쉬이 물러가지 않았다. 낙숫물을 맞으면서 찢어진 우산을 깁고, 새도 둥지로 돌아간 어둑한

저녁이 되어서야 저녁밥을 지을 엄두를 낼 수 있었다. 그나마 흉년이라도 들면 멀건 나물죽 한 그릇도 구할 수 없었다.

배가 고픈 중에 책을 읽으면 소리가 더 낭랑해진다고 우기던 것도 굶주림이 길어지자 서글픔으로 돌아왔다.

"아버지, 배가 고픕니다."

"어머니……."

아이들은 말을 잇지 못했고, 아내는 애달픈 눈빛으로 몰래 나와 아이들을 번갈아 바라보았다.

'꼬르륵 꼬르륵.'

식구들의 배곯는 소리가 방 안의 적막을 깼다.

'미안하다. 못난 아비를 만나 너희들이 고생하는구나.'

부끄러움이 목구멍을 치밀고 올라왔다. 내가 배를 곯는 것이야 그렇다 쳐도, 저 어린것들은 무슨 죄가 있어 저리 힘없이 무너져 있단 말인가?

문득 젊었을 적 일이 떠올랐다. 경진년과 신사년 겨울은 유난히도 추웠다. 특히 내가 머물던 띳집은 외풍이 세서 방 안에서도 손이 곱고 입김이 성에가 될 정도였다. 밤에 자려고 누울 때면 꼭 해가 뜬 뒤에 잠에서 깨길 빌며 간신히 잠들었다. 그러나 워낙 추위가 심하고 배까지 고프니 잠이 깊이 들 리 없었다. 번번이 한밤중에 잠에서 깼다.

'휘이이이익!'

밤중에 잠에서 깨면 달팽이처럼 온몸을 동그랗게 말고 달달 떨며 날이 밝기만을 기다렸다.

그러던 어느 날이었다. 그날도 너무 추워 한밤중에 잠에서 깨고 말았다. 서걱거리는 얇은 이불로는 도저히 막을 수 없는 추위였다. 더 덮을 게 없을까 두리번거리던 중 〈한서〉가 눈에 들어왔다.

"책을 덮으면 추위가 좀 덜하려나?"

나는 〈한서〉 한 질을 이불 위에 죽 늘어놓았다. 그야말로 〈한서〉 이불이었다. 홑이불만 덮었을 때보다 바람이 덜 들어와 몸이 떨리는 것이 덜했다. 그 후로 나는 잠이 깰 때면 〈한서〉를 이불 위에 죽 늘어놓곤 했다.

그뿐만 아니다. 방 서북쪽 모퉁이에서는 칼날 같은 바람이 매섭게 들어왔다.

'휘이익! 휘익!'

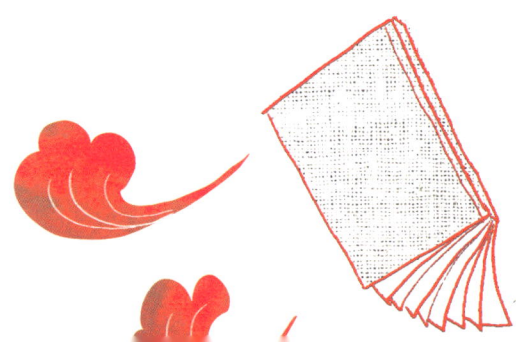

바람이 살을 에는 듯했다. 추위도 추위거니와 거센 바람에 등불까지 흔들렸다. 몸으로 바람을 막아 보기도 하고, 등불을 옮겨 보기도 하다가 〈논어〉가 눈에 띄었다.

"공자님 말씀으로 바람을 막아 볼까나?"

나는 〈논어〉를 한 권 뽑아 등불 뒤에 병풍처럼 세워서 바람을 막았다. 〈논어〉 병풍은 등불이 흔들리지 않게 바람을 제법 잘 막아 주었다.

"허허, 〈한서〉 이불, 〈논어〉 병풍이로구나!"

내 행동이 한심하기도 하고 어이없기도 하여 피식, 웃음을 지었다. 그러다가 곧 생각을 고쳐먹었다.

옛사람 중에는 특이한 것을 좋아하여 갈대꽃으로 이불을 만든 사람도 있고, 또 사치스러운 것을 좋아하여 금과 은으로 온갖 동물을 화려하게 수놓은 병풍을 가진 사람도 있었다. 그 이불과 병풍이 내 〈한서〉 이불과 〈논어〉 병풍만 하겠는가? 〈한서〉 이불을 덮고 〈논어〉 병풍을 바라보며 나는 세상 어떤 것도 부럽지 않았다.

나는 일부러 책을 크게 소리 내어 읽었다. 자식들을 제대로 돌보지 못한다는 부끄러움을 떨쳐 버리기 위해서라도 책을 읽는 일에 매달렸다. 처음엔 의도적으로 목소리를 냈지만, 시간이 갈수록 내 목소리는 맑고 영롱하게 방을 울렸다. 허한 속이 대나무처럼 텅 비어 책 읽는 소리가 그 안에서 울리는 것인가? 숨 쉬기도 힘들 만큼 기운이 없었건만, 책을 읽기 시작하면 소리에 점점 더 힘이 실렸다.

"책이야말로 배고픔을 이기는 가장 좋은 밥이로구나."

책이야말로 내겐 밥이요, 집이었다. 길이요, 운명이었다. 하지만 이마저도 할 수 없는 상황이 찾아왔다.

아우들과 아이들의 퀭한 눈이 내 마음을 갈가리 찢어 놓았지만, 집 안을 아무리 둘러봐도 끼닛거리가 될 만한 것을 찾을 수가 없었다. 아궁이에 불을 넣은 지가 언제였는지 기억조차 나지 않았다.

그때 〈맹자〉 한 질이 눈에 들어왔다. 내가 가진 책 중 유일하게 온전한 책이요, 우리 집에 남은 단 하나의 좋은 물건이었다.

"맹자라……."

처음 〈맹자〉를 샀을 때의 일이 떠올랐다. 다른 사람이 물려주거나 빌려준 책이 아닌, 끼니를 걸러 가며 돈을 모아 산 책이었다. 그때 나는 〈맹자〉를 매일 손으로 쓰다듬고 품에서 놓지 않았다. 책을 볼 때에도 혹시나 닳을까 침도 묻히지 않고 책장을 넘겼다.

그렇게 아끼던 〈맹자〉를 가만히 꺼냈다. 처음 샀을 때처럼 살살 쓰다듬었다. 그리고 품에 안고 지그시 눈을 감았다. 눈시울이 뜨거

워졌다.

"미안하다, 정말 미안하다."

〈맹자〉는 내 서가에서 돈으로 바꿀 만한 유일한 책이었다. 팔았더니 200전이었다. 그 200전으로 곡식을 샀다. 며칠간 굶주리던 아이들은 모처럼 배를 불릴 수 있었지만, 나는 차마 그 밥을 먹을 수 없었다.

〈맹자〉와 나는 시간과 공간을 뛰어넘어 마음을 나눌 수 있는 친구라 자신했었다. 그런데 지금 배고픔을 해결하기 위해 벗을 등진 것이다. 부끄러웠다. 온전한 책 한 질 갖출 수 없는 내 처지가 불쌍하면서도 싫었다.

쓸쓸한 마음을 가눌 길 없어, 나는 집을 나서서 발길 가는 대로 정처 없이 걸었다. 걷다 보니 어느새 유득공의 집에 도착해 있었다. 유득공 또한 박제가와 같이 마음을 터놓으며 지내는 친구였다. 버선발로 뛰어나온 유득공은 내 손을 이끌고 방으로 들어갔다. 나는 애써 슬픈 마음을 감추고 도리어 농담으로 인사를 건넸다.

"이보게, 영재(유득공의 호)! 내 배 좀 보게나. 하도 많이 먹었더니 이렇게 배가 불룩 나왔네그려."

나는 일부러 배를 불룩 내밀며 말했다. 유득공의 눈이 동그래졌다. 유득공은 내 눈과 배를 번갈아 바라보았다. 내 말을 믿어야 하나, 말아야 하나 고민하는 눈빛이었다.

"어디 생일 잔치라도 가셨습니까?"

유득공의 말에 나는 허허 웃으며 쓴 침을 삼켰다.

"맹자께서 곡식을 주셨다네. 나도, 아이들과 아우들도 배불리 먹었지. 참 감사한 일이야."

내 목소리가 점점 잦아들었다.

"……."

유득공은 내 말을 바로 알아들었다. 그는 내가 〈맹자〉를 얼마나 아끼고 있는지 누구보다도 잘 알고 있었다. 그의 앞에서 어깨를 들썩이며 흐느끼지는 않았지만, 유득공은 이미 내 슬픔을 고스란히 느끼고 있었다.

한참 만에 고개를 든 그는 밝은 얼굴로 말문을 열었다.

"무관(이덕무의 자), 지난번 박제가의 말이 가슴에 남는다 하지 않으셨습니까? 운명에 맞서 삶을 스스로 만들어 간다고요. 오늘 그 첫걸음을 떼신 듯합니다. 저도 오늘 제 길을 가 보렵니다."

이번엔 내가 영문을 몰라 유득공의 얼굴을 바라보았다.

"가만있어 보자……. 제가 수십, 아니 수백 번 읽은 글이 있으니

그 글 주인이 제게 술 한 사발 살 만하지요, 허허."

유득공은 그 자리에서 〈춘추좌씨전〉을 뽑았다. 주저하지도 않고 바로 그 책을 팔아 술을 사 왔다.

"아니, 이보게. 나를 위로하려는 모양인데, 그럴 필요 없네. 나야

 "목구멍이 포도청이라 어쩔 수 없었다지만, 자네가 〈춘추좌씨전〉을 팔아 술을 사는 것은 옳지 않네."
 손사래 치는 내게 유득공은 단호한 어투로 답했다.
 "위로라니요? 운명의 사슬을 끊은 무관을 닮고자 함입니다."

잠시 후 조촐한 술상이 들어왔다.

"허허, 오늘 맹자가 친히 밥을 지어 내게 먹이셨네그려."

"예. 좌구명이 손수 술을 따라 우리에게 권하시는군요."

"이 책들을 팔지 않고 읽기만 했더라면 어쩔 뻔했나? 생각만 해도 아찔하이."

"맞습니다. 책을 읽는다고 굶주림을 잊겠습니까?"

우리는 술잔을 기울이며 인생과 운명에 대해 이야기했다.

"사람들이 왜 글을 읽는다고 생각하는가?"

"과거에 급제하기 위해서지요."

"사람들은 왜 과거에 급제하려고 하는가?"

"부귀를 구하려는 게지요."

"그럼 그것이야말로 요행을 바라는 얄팍한 술책이 아니겠는가?"

"그렇고말고요. 책을 팔아 잠시나마 배부르게 먹고 술에 취하는 것이 도리어 솔직하고 거짓 없는 행동이지요."

"그럼, 우리는 오늘 진실한 일을 했구만."

우리는 술잔을 부딪치며 헛헛한 웃음 속에 서글픔을 감췄다.

내게 가난이란 평생 지고 가야 할 운명이었다. 어차피 지고 가야 할 운명이라면 차라리 가난을 편안히 여기고 가야 한다. 이를 위해서는 가난을 잊는 것도 하나의 방법이리라. 가난을 억지로 거부하고 괴로워한다면, 오히려 가난에 휘둘리게 될 것이다. 가난을 원수로 여기다가 결국 가난 때문에 죽게 될 뿐이다.

　나는 가난 때문에 주눅 들지 않을 것이다. 가난을 잊고, 가난을 편안히 여기며 살 것이다.

　유득공과 술잔을 기울이며 박제가의 말을 되새기자니, 가난한 내 젊은 날에 대한 원통함과 억울함이 봄날 눈 녹듯이 사라졌다. 박제가, 유득공과 같은 벗이 있기에 고된 운명의 사슬을 끊을 수 있을 것 같았다.

　술기운이 불콰하게 올랐다. 나는 눈을 감았다.

백탑동 사랑방

6월 그믐이었다.

"오늘 몽답정에 가려나?"

"좋지요."

이덕무의 제안에 나는 냉큼 대답했다. 그와 함께하는 것은 무엇이든 좋았다. 특히 날이 좋을 때 함께 몽답정을 거니는 것은 신선 세계에서 노니는 듯 즐거웠다.

몽답정은 훈련도감 안에 있는 곳으로, 그 주변의 바위와 냇물의 경치가 매우 빼어났다. 정자는 김성응 훈련대장이 지었고, 전하께서 이름을 내리셨다고 한다. 꿈에도 다녀갈 정도로 아름다운 곳이라 '꿈 몽(夢)' 자, '밟을 답(踏)' 자를 써서 '몽답정'이라는 이름을 붙였다고 들었다.

나도 몽답정에 다녀온 날이면 그날 밤 꿈에서 또 노닐 정도로 그곳에서의 유람이 좋았다. 윤병현과 유운, 동자 갑광이와 정대도 뒤를 따랐다.

"오늘따라 날씨도 좋아 나들이 흥을 한층 돋우어 주는 것 같구먼."

이덕무도 한껏 들떠 보였다.

몽답정에서 쉬면서 준비해 온 참외 13개를 깎았다. 크기는 작았지만 사각사각하고 맛도 달았다. 선선한 바람을 맞으며 참외를 나눠 먹는 소박한 모임이었지만 신선놀음이 따로 없을 정도로 즐거웠다. 세상사의 서러움, 가난한 일상이 바람결에 모두 날아갔다.

"우리 이렇게 앉았으니, 시를 지어 감흥을 노래해 보면 어떨까요?"

나는 문득 떠오른 생각을 이야기했다.

"그거 좋은 생각이구먼. 이 좋은 기분을 그냥 바람에 흩어 버릴 수야 없지."

이덕무가 환한 낯빛으로 흔쾌히 고개를 끄덕였다. 그러나 이내 안

타까운 표정으로 바뀌었다.

"이것 참……. 종이랑 붓도 준비했어야 하는데…….."

나는 소맷자락 속에 넣어 둔 한지를 꺼냈다. 언제 어디서든 글을 쓸 수 있도록, 버릇처럼 소매에 넣어 가지고 다닌 종이였다. 얼추 사람 수에 맞추어 한 장씩 나누어 줄 정도는 되었지만, 종이만 있었지 먹도 벼루도 없었다.

"종이는 있는데, 먹과 벼루는 어찌할까요?"

"시를 짓겠다는 마음이 있으니, 하늘이 돕지 않겠는가?"

이덕무는 빙긋 웃으며 근처 여염집에서 그을음을 구해 왔다. 나도 질세라 기왓장을 한 장 구해 왔다. 이로써 아쉬운 대로 먹과 벼루도 마련된 셈이다.

"자, 이제 붓은 각자 구해 보는 게 어떻겠나? 누구의 붓이 가장 그럴듯한지 보도록 하지."

이덕무의 말에 우리는 각자 붓을 구하러 주위를 두리번거리며 다녔다. 잠시 후 다시 모인 우리들의 손에는 세상에 단 한 자루밖에 없는 붓들이 하나씩 놓여 있었다.

"이 붓은 무엇입니까?"

내가 장난스레 묻자, 이덕무는 뽑아 온 솜대 줄기를 들어 보였다.

윤병현은 들고 온 책의 낡은 종이 부분을 비비 꼬아 노끈 같은 붓을 만들었고, 유운은 돌배나무 가지를 깎아 들고 왔다.

"자네 것도 좀 보세."

이덕무가 나의 붓을 보여 달라고 재촉하였다. 나는 부들 순을 씹어 만든 붓을 내밀었다. 각자 구해 온 붓을 바라보니 시를 짓기도 전에 웃음부터 나왔다.

"이 세상에 둘도 없는 문방사우가 마련되었습니다."

내 말에 모두들 껄껄 웃었다.

"세상에 둘도 없는 문방사우를 갖추었으니, 둘도 없이 멋진 시를 지어 보세나."

우리는 시를 짓기 위해 자리에 앉았다. 연꽃 향이 코끝을 간질이고 매미는 기분 좋게 날개를 비볐다. 폭포에서 떨어지는 물줄기가 방울방울 옷자락에 튀었다. 나는 돌 위에 앉아 부푼 마음이 이끄는 대로 시를 지었다.

연꽃은 외로이 만 갈래 마음 위에 피고
사람 소리 바람결에 물가 정자 그늘로 오네.
대보단 서쪽으로 석양이 진 후

매미 소리에 푸르름이 깊어지네.

 벗들이 내 시를 보고 잘 지었다고 추켜 주었다. 이덕무도 그윽한 눈빛으로 바라보며 흐뭇한 표정으로 웃고 있었다.
 "시를 보고 싶습니다. 얼른 보여 주시지요."
 이덕무가 껄껄 웃으며 종이를 건네주었다. 나는 한 자씩 아껴 가며 천천히 새겨 읽었다.

 연꽃 향기 묘하게 고요한 마음 보여 주고
 금붕어는 뻐끔거리며 처마 그늘에 노니네.
 빽빽한 소나무 숲에서 물방울은 똑똑 떨어지고
 한 줄기 하늘빛은 시내 바닥까지 가 닿았네.

 "아!"
 이덕무의 표현에 나는 저절로 감탄이 나왔다. 얼굴에 부딪치는 폭포 물방울처럼 시원함이 전해졌다. 한 줄기 하늘

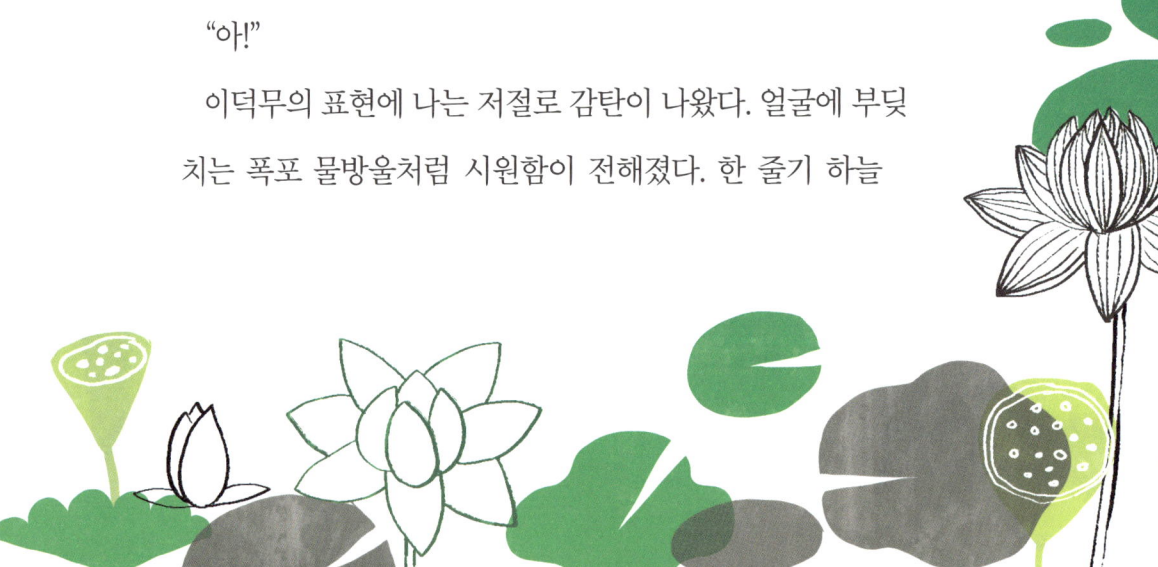

빛이 시내 바닥에 가 닿았다는 표현은 모두가 혀를 내두를 만했다. 함께 간 윤병현과 유운도 모두 그의 솜씨에 감탄과 부러움을 감추지 못했다.

"제가 마치 신선이라도 된 것 같습니다."

내 말에 이덕무도 고개를 끄덕였다.

"내 맘도 그러하네. 여기가 신선 세계가 아니고 무엇이겠으며, 이것이 신선놀음이 아니고 무엇이겠나?"

이날 우리는 이렇게 운명의 사슬을 끊고 신선이 되었다. 그 뒤로도 나는 이덕무와 여러 벗과 함께 삼청동의 읍청정이나 천우각 등 경치 좋은 곳을 찾아다니며 시를 짓고 노닐었다. 이때 함께한 벗들은 주로 백탑동 사랑방 친구들이었다.

백탑동은 십층 석탑이 있는 동네다. 탑의 이름은 원각사 십층 석탑이고 동네의 원래 이름은 대사동인데, 사람들은 그 탑을 백탑이라 부르고 그 동네를 백탑동이라 불렀다. 백탑은 탑의 색이 하얗다고 해서 붙인 별명이었다. 낮은 초가집과 기와집 사이에 선 백탑은 달빛을 받은 날이면 그 자태를 은은하게 뽐냈다. 지나치게 화

려하지도 않고 밋밋하지도 않은 모습은 우아하면서도 신비로웠다.

　나는 백탑을 감상하는 것이 좋았다. 백탑동 주변에 모여 살던 벗들과 함께 학문과 삶에 대해 이야기하는 시간들은 더욱 좋았다.

　나와 아웅다웅하며 지내는 유득공은 나보다 두 살 위인 친구다. 그는 늘 짓궂은 장난으로 나를 놀리곤 했는데, 나는 번번이 골탕을 먹으면서도 그를 만나기만 하면 절로 웃음이 나왔다.

　백탑동을 이끄는 우리의 스승은 누가 뭐래도 박지원이었다. 박지원은 뼈대 있는 집안의 양반인데도, 우리 같은 서얼들과 스스럼없이 어울렸다. 양반집 자제를 대할 때나 우리 같은 서얼을 대할 때나 눈빛이 전혀 다르지 않았다. 그는 오직 사람됨을 먼저 보았다. 양반들만 보면 저절로 마음이 뒤틀려 고개가 모로 돌아가고 뒷걸음질하게 되는 나였지만, 그의 앞에서는 이런 버릇이 오간 데 없이 사라졌다.

　"자네는 남산에서보다 백탑동에 더 오래 있는 것 같네."

　유득공이 짓궂게 나를 놀렸다.

　"허허, 그런가?"

　딱히 아니라고도 말할 수 없어, 나는 겸연쩍은 웃음으로 답했다.

　사실이었다. 특히 벗들의 도움으로 이덕무의 집에 자그마한 바깥채가 생긴 후로는 내 집에서 지내는 시간보다 백탑동에서 보내는 시간이 더 많을 정도였다. 이덕무의 호인 청장관을 따서 '청장서옥'이라는 이름을 붙인 바깥채는 그의 공부방이자 우리의 사랑방이었다. 그 청장서옥 벽에 나는 시를 남겨 놓았다.

> 탑머리에 구름으로 그늘지더니
> 아침 눈에 그대 집 덮여 버렸네.
> 그대 집엔 오래된 나무가 있어
> 까막까치 세밑에 유난히 많네.

이덕무의 집이지만, 우리의 사랑방이기도 하다는 뜻을 담은 시였다.

그곳에 모여 우리는 함께 시를 짓기도 하고, 인생에 대한 이야기를 두런두런 나누기도 했다. 그러다 문득 이렇게 흘려보내기에는 그동안 나눈 시와 이야기가 아깝다는 생각이 들었다.

"우리 시를 모아 책으로 엮으면 어떨까요?"

백탑동에서 모인 어느 날, 내가 먼저 벗들에게 제안했다.

"시를 책으로 엮는다?"

벗들은 나의 말뜻을 단박에 알아들었다.

"그거 좋은 생각이군. 박지원 선생의 글도 받고, 우리 시도 다듬어

이왕이면 그럴듯하게 만들어 보세."

"세상에 다시없는 멋진 문집이 나올 게야."

"얼른 글을 모아 보세나."

마음을 모으니 일은 한달음에 진행됐다. 이렇게 해서 〈백탑청연집〉이라는 문집이 나왔다. 제목은 내가 지었다. 백탑청연은 '백탑 아래 맺은 맑은 인연'이라는 뜻이다. 우리의 인연도 백탑처럼 천년을 가길, 우아하고 아름답게 지켜지길 바라는 마음을 담은 제목이었다.

누이여! 아, 누이여!

"어디 다녀오십니까?"

집 앞에 박제가가 쪼그리고 앉아 있다가 반가운 듯 벌떡 일어났다. 나를 기다리고 있었나 보다. 그동안 누이동생이 와 있는 통에 박제가와 만남이 뜸했다. 하루가 멀다 하고 만나다가 며칠 못 보니 박제가는 좀이 쑤셨나 보다.

"누이를 바래다주고 오는 길일세."

길게 말하지 않았다. 박제가도 내 마음을 헤아렸는지, 더는 캐묻지 않았다. 겉보리 한 말을 이고 시집으로 돌아가는 누이의 가냘픈

뒷모습이 자꾸 눈에 밟혔다. 모퉁이를 돌고 나서도 한참 동안 누이의 기침 소리가 계속되었다.

박제가는 방에 들어와서야 내 눈치를 살피며 조심스레 물었다.

"좀 나아져서 갔습니까?"

"나아지기는……. 출가외인이 친정에 너무 오래 머물 수도 없는 노릇이고, 누이도 제 지아비와 아들 걱정이 많아 차도가 없는데도 그냥 돌아갔네."

"예……."

박제가는 말을 잇지 않았다.

박제가와 내가 만난 것은 누이가 시집간 후라, 박제가는 내 누이를 거의 본 적이 없다. 그러나 오랜 기간 기침병으로 고생하는 누이 때문에 내 마음이 시리다는 것은 익히 알고 있다.

원 씨에게 시집보낸 막냇누이는 그래도 형편이 좀 나았다. 서 씨에게 시집간 누이도 막냇누이만큼만 가세가 폈으면 좋으련만, 바람은 바람일 뿐이었다. 누이의 형편이 점점 어려워지더니, 결국 기침병까지 얻고 말았다. 누이가 시집간 다음 해에 기침병으로 어머니를 잃은 아픔이 있어, 나는 누이의 기침 소리가 더욱 신경이 쓰였다.

"매달 만나실 정도로 오누이의 정이 각별하였는데 마음이 무거우

시겠습니다."

박제가는 안타까운 표정으로 내 손을 한번 꼭 잡아 주었다. 그랬다. 누이가 보고 싶어 한 달에 한 번씩 누이의 집을 찾아갔다. 어머니를 닮아 키가 훤칠한 누이는 그때마다 보름달처럼 환하게 웃었다. 그리고 종을 시켜 술을 사 오게 했다. 누이가 밤새 바느질하고 받은 품삯으로 사 오는 것임을 알았지만, 그 또한 누이의 기쁨이라 여겨 나는 마다하지 않았다.

그런데 그렇게 환했던 누이의 얼굴이 이젠 달라졌다. 푹 들어간 눈과 깊이 팬 볼을 바라보는 내 가슴은 갈기갈기 찢어졌다.

"제가 사정도 가리지 않고 찾아왔네요. 이만 돌아가 보겠습니다."

서둘러 일어서려는 박제가를 이번엔 내가 붙들어 앉혔다.

"그대가 곁에 있어 헛헛하던 마음에 얼마나 위안이 되는지 모르이. 부디 더 있어 주게."

인사치레로 한 말이 아니었다. 책을 읽다가 깨친 뜻이 있어 기쁠 때도, 삶이 고단할 때도 박제가가 곁에 있으면 마음 한구석이 환해지고 따뜻해지곤 했다. 자기 일인 듯 기뻐해 주고, 자기 일인 듯 슬퍼해 주는 벗이었다.

잡아 앉히는 손길에 박제가는 가만히 주저앉았다. 우리는 한참 동

안 아무 말도 하지 않았다. 굳이 말을 하지 않아도 서로의 마음을 읽을 수 있었다.

봄이 거의 다 지나갈 때까지도 누이의 병은 나아지지 않았다. 오히려 더 심해져서 제대로 앉지도 못한다고 했다. 나는 소식을 듣자마자 한달음에 누이의 집으로 달려갔다.

"오, 오라버, 쿨럭쿨럭!"

누이는 말을 잇지 못하고 피를 토할 듯 깊은 기침을 뱉어 냈다. 그새 살이 더 빠져 뼈만 앙상하게 남은 누이의 얼굴은 주먹만 해 보였다. 누이는 이제 겨우 스물여덟이었다. 그러나 꽃다운 나이인데도 고운 빛 없이 병색만 완연했다.

"오냐, 오냐."

나는 울음을 삼키며 누이의 손을 잡았다. 매제가 고개를 떨구며 나를 제대로 바라보지 못했다. 나는 매제의 등을 두드렸다.

"자네 탓이 아닐세. 미안해 말게."

누이를 데리고 다시 집으로 돌아왔다. 늙으신 아버지가 어디선가 아이 주먹만 한 고기와 생선 토막을 얻어 오셨다. 박제가가 쌀을 한 되 갖다 주어, 그 쌀로 아내가 얼른 죽을 쑤었다.

"저는, 쿨럭쿨럭! 괜찮으니, 다 같이, 쿨럭! 드시지요."

누이는 아픈 중에도 혼자 먹는 것을 미안해했다. 이미 죽음이 눈앞에 다가온 상태에서도 오히려 남은 가족들을 걱정하는 듯했다.

"오라버니, 쿨럭쿨럭! 저는 어릴 적 오라버니와 함께 먹던, 쿨럭쿨럭! 나물죽과 젓갈이 그립네요."

누이의 말에 나는 왈칵 눈물이 솟았다. 누이가 찾는 나물죽은 곡식보다 나물이 많아 입에 넣으면 가시나무가 목구멍을 찌르는 것 같던 죽이었다. 또 젓갈은 하인이 배에서 주워 와 비릿한 냄새 때문에 먹기도 전에 헛구역질부터 나던 반찬이었다. 그러한 음식을 누이는 지금 그 앙상해진 몸으로 찾고 있는 것이다. 누이가 그리워하는 것은 그 맛이 아니라, 어린 사 남매가 머리를 맞대고 함께하던 그 시절이리라.

"그래. 얼른 기력을 회복하고 함께 먹자꾸나."

나는 울음을 삼키고 누이를 다독였다.

그러나 날이 갈수록 누이는 더욱 기운을 잃어 갔다.

6월 3일, 결국 누이는 이 세상을 떠났다. 황달로 누렇게 떠 있던 누이의 얼굴은 이제 오히려 편안해 보였다. 누이에게 마지막 인사를 했다.

'내 누이로 태어나 줘서, 내 누이로 스물여덟 해를 살아 줘서 고맙

고, 또 고맙다.'

나는 누이의 머리를 쓰다듬고, 뺨을 어루만지며 손을 쥐어 보았다. 아직 손에 온기가 느껴지는데 더 이상 같은 하늘 아래 살 수 없다는 것이 믿어지지 않았다.

장례를 치르는 동안 박제가는 한시도 내 곁을 떠나지 않았다. 마치 상주처럼, 혹은 우리 집 하인처럼 장례의 크고 작은 일을 돌보아 주었다. 박제가를 의지하여, 나는 끝없는 슬픔을 견뎌 내고 있었다.

그러나 누이가 시커먼 흙구덩이로 들어가는 순간만큼은 나도 울부짖을 수밖에 없었다.

"누이! 누이!"

관 위로 흙이 덮이는 것을 보며 나는 무너지듯 주저앉았다. 땅을 딛고 설 힘도 없었다.

"마음껏 부르십시오. 실컷 우십시오."

그때만큼은 박제가도 내가 마음껏 울도록 내버려 두었다.

"꽃 같은 누이야! 너를 어이 묻으랴! 옥 같은 누이야! 너를 어이 묻으랴!"

수풀에 앉아 있던 새 한 마리가 후두둑 하늘로 솟구쳤다.

중국을 밟다

"그 소식 들었는가?"

이덕무가 나를 보자마자 손을 덥썩 잡으며 물었다. 평소 차분한 모습과는 다른 모습이었다. 나는 씨익 웃으며 고개를 끄덕였다. 설렘과 기대에 가슴이 심하게 요동쳤지만, 겉으로 드러내면 부정을 탈까 봐 일부러 말과 행동을 삼갔다.

우리에게 가르침을 주시는 홍대용 어른이 병술년(1766년)에 중국에 다녀온 후, 중국에 대해 이야기해 주실 때면 나는 설레는 가슴을 꾹꾹 억눌러야 했다. 나 또한 중국에 가 보고 싶은 마음이 굴뚝같았지만, 갈 기회도 여비도 없었다.

"볼 것이 그리 많습니까?"

"그럼, 많고말고. 집을 짓는 돌까지도 조선과 다르다네. 하나하나 유심히 볼 일이야."

홍대용 어른의 눈빛이 아련해졌다.

"북경에는 나와 글로 이야기를 나누던 벗도 있다네."

홍대용 어른과 밤새도록 글을 써 가며 이야기를 나누었다는 그 중국 선비도 한번 만나 보고 싶었다.

하지만 많은 책을 읽고 중국 사행단의 이야기를 전해 들으며 청나라의 문물에 대해 관심을 가져 왔을 뿐, 실제로 가게 될 줄은 꿈에도 생각지 못하였다.

그런데 내 나이 스물아홉인 무술년(1778년), 이덕무와 함께 청나라 땅을 밟게 될 일이 생겼으니 얼마나 기뻤겠는가. 이덕무는 서정관 심염조 어른의 종사관으로, 나는 정사 채제공 어른의 종사관으로 중국 사절단에 끼게 된 것이다.

"이것이 정녕 꿈은 아니겠지요?"

마음 같아서는 볼을 꼬집어도 보고, 이덕무의 손을 잡고 좁은 마당을 빙빙 돌아도 보고 싶었다.

"그동안 귀로만 들었던 것을 이제 눈으로 보고 손으로 만지고 발로 밟아 보고 싶습니다."

내 말에 이덕무가 장난스레 답했다.

"암, 그래야지. 단 중국에서는 절대 안장 없이 말을 타고 달려서는 안 되네."

나는 슬쩍 고개를 돌리며 딴청을 피웠다.

이덕무가 이런 이야기를 한 이유는 내가 종종 장인어른의 말을 안장 없이 타고 다녔기 때문이다. 특히 한밤중에 술에 취해 종로 한복판을 안장도 없이 내달린다는 소문이 귀에 들어간 후, 그의 염려는 더욱 깊어졌다.

한번은 장인어른을 따라 영변에 간 적이 있었다. 이때 이덕무는 나에게 시를 보냈는데, 내키는 대로 말하고 행동하는 내 자유분방한 성격을 걱정하는 내용이었다. 나를 아우처럼, 아들처럼 생각하는 그의 진심을 느낄 수 있었다.

그러나 3월 17일, 막상 중국으로 떠나는 날에는 안장도 없이 말을 내달렸던 내가 오히려 이덕무를 돕게 되었다. 그는 말 타는 것에 익숙하지 않아 잔뜩 긴장한 표정이었다.

"마음을 편히 가지십시오. 타는 사람이 긴장하면 말도 덩달아 갈

팡질팡합니다."

그러나 나 역시 처음 떠나는 사행 길에 긴장이 되기는 마찬가지였다.

박지원도 아직 밟아 보지 못한 중국 땅이었다. 박지원은 우리가 연행단으로 가게 되었다는 소식에 부러운 눈빛을 감추지 않았다. 연경에 가는 것은 좋지만, 한편으로는 부러워하는 박지원에게 미안한 마음이 들어 드러내 놓고 좋아하는 빛을 보일 수 없었다.

"많이 보고 오게나. 많이 담아 오게나. 하나도 빠짐없이 내게 말해 주어야 하네."

박지원은 몇 번이고 같은 말을 되풀이했다. 귀에 딱지가 앉을 정도였다.

일찍이 홍대용 어른의 깨우침 덕분에 우리는 연경으로 가는 것이 마냥 좋았지만, 그런 우리를 이상한 눈빛으로 바라보는 이들도 있었다.

"오랑캐 나라에 가는 것이 뭐가 그리 좋을까? 쯧쯧."

"고생길이 훤한 걸 모르고 저리 좋아하지. 놀러 가는 줄 아나 보네."

하인이나 마두, 견마잡이 또한 연행(사신이 중국의 베이징에 가던 일)을 마뜩찮아 하는 것은 마찬가지였다. 몇 달이 걸리는 연행을 말 위에 가만히 앉아 있기만 하는 관리들도 힘들어했다. 변변한 행색 없이 온갖 시중을 들며 비바람을 대신 맞아야 하는 하인들이야 말할 것도 없었다.

그러나 사람들이 연행을 마다하는 이유는 따로 있었다. 조선에서는 청나라를 오랑캐의 나라라며 속으로 업신여겼다. 나라의 힘이 세니 겉으로야 조공을 바칠 수밖에 없지만, 배울 것도 없고, 볼 것도 없는 나라라며 청나라에 가는 것 자체를 꺼렸다.

그러나 나는 세상을 바꾸고 있다는 그들의 학문을 얼른 접하고 싶은 마음뿐이었다.

'내 눈에 모두 담아 오리라. 하나도 남김없이 보고 배우리라.'

나는 속으로 다짐하고 또 했다. 이덕무의 눈빛 또한 나와 통했다.

네 시가 되자 출발을 알리는 외침이 들려왔다. 우리는 두 달이 넘게 걸리는 머나먼 여행길의 첫걸음을 내디뎠다.

출발한 지 한 달이 채 못 되어 압록강을 건넜다. 여기부터는 중국 땅이 시작된다. 그동안은 말도 통하고, 잠자리나 먹을 것이 불편하지 않아 중국으로 향하고 있다는 것이 실감 나지 않았다. 하지만 여기서부터는 이곳이 낯선 땅이라는 것이 피부에 와 닿았다.

어디를 가나 사방이 산인 우리나라와 달리, 중국 땅에 들어서자 산이 띄엄띄엄 있는 데다 그나마 있는 산도 꼭대기가 뭉툭하고 평평했다. 그러다가 어느 순간 산이 사라져 버렸다. 사방을 둘러봐도 눈에 거칠 것 하나 없는 온통 흙빛 지평선뿐이었다.

"요동 벌판, 요동 벌판 하는 것이 과연 헛말이 아니군."

이덕무가 아득한 벌판 한가운데 서서 먼 곳을 바라보며 혼잣말을 했다. 나도 그와 같은 느낌이었다.

아무리 운명의 사슬을 끊어 버리겠다고 큰소리를 탕탕 쳤어도, 사방을 막아 옴짝달싹할 수 없게 만든 내 인생의 담장은 높고 단단했었다.

그런데 요동 벌판에 서고 보니, 내 삶을 가두던 높은 담장도 무너지는 듯한 기분이었다. 내가 원해 온 대로 요동 땅을 밟았듯, 내 꿈도 내 길도 다시 찾을 수 있을 것 같았다.

"가야지요."

"가야지."

"앞으로 나아가야지요."

"앞으로 나아가야지."

이덕무와 나는 서로를 바라보고 씽긋 웃었다.

이젠 내 후손에게도 꿈을 가지란 말을 할 수 있을 것 같다는 생각에, 나는 가슴이 벅차오르고 눈시울이 뜨거워졌다. 요동의 흙바람을 씻어 내듯, 나는 슬쩍 눈가를 훔쳐 냈다.

청을 배우리라

두 달간의 여정 끝에 우리 일행은 드디어 연경에 도착했다. 박제가와 나는 피곤을 잊고 연경 나들이 일정을 짜기에 바빴다. 나랏일을 맡은 사신들이야 정해진 일정대로 움직였지만, 수행원인 우리는 비교적 자유롭고 한가하게 시간을 보냈다. 이때만큼 벼슬 없는 내 신분이 다행스러운 적이 없었다.

"제일 먼저 가야 할 곳은 아무래도 유리창이겠지요?"

박제가의 말에 나는 얼른 맞장구를 쳤다.

"그럼, 그럼. 당연히 유리창에 먼저 가야지."

짐을 풀고 몸을 추스린 후, 우리는 먼저 유리창 거리로 향했다. 홍대용 어른이 말씀해 주신 바에 따르면 유리창은 원래 유리 기와와 벽돌을 만드는 공장이었다고 한다. 황궁에서 사용하는 유리를 만들어 내는 곳이라 유리창이라는 이름이 붙었다. 공장, 즉 창에 가까운 길 옆에 시장이 있어 이것이 시장 이름이 되고, 거리 이름이 되었단다. 시장에는 서적과 비석판, 솥, 골동품 등을 팔았고, 서점은 일곱 개가 있는데 한 서점에 책이 수만 권이 있다고 한다. 지금은 유리 공장 자리가 모두 서점이 되어 서점 거리가 되었다.

가 보니 홍대용 어른이 말씀하신 그대로였다. 그러나 홍대용 어른이 연경을 방문한 것도 벌써 13년 전이니, 그사이 유리창은 더 변화하고 책도 더 많아졌다. 새로 생긴 사고전서관이 우리의 발길을 잡았다.

책을 좋아하는 박제가와 나는 먹 향기, 책 냄새만 맡아도 기분이 들떠 콧구멍이 벌름벌름했다. 할 수만 있다면 이 수만 권의 책들을 모두 살피고 모두 갖고 가고 싶었다.

"이 책들을 다 볼 수 있다면 원이 없겠습니다."

"나는 반만이라도, 아니 반의 반이라도 가져갈 수 있다면 좋겠네."

"이 서점 주인들은 이 책들을 다 읽었을까요?"

 "허허, 글쎄. 여기 서점 주인들이야 책을 파는 게 목적이지, 읽는 것이 목적이겠나?"

 "책의 주인은 가치를 알고 읽어 주는 사람일 텐데요."

 "그러게나 말일세. 이 책의 진정한 주인은 우리가 아니겠나?"

우리는 여비로 받은 돈을 남김없이 탈탈 털어 책을 사고, 들여다 보았다. 이 책도 욕심나고 저 책도 욕심났다. 이 책 저 책 기웃거리느라 밤이 깊어 가는 줄도 모르고, 날이 가는 것도 몰랐다. 책뿐만 아니라 유리창 양옆으로 뻗은 10여 리의 거리를 가득 채운 번쩍번쩍 휘황찬란한 물건들이 우리의 눈길을 빼앗았다. 술잔, 제기, 오래된 옥, 글씨와 그림, 장식품 등등은 설렁설렁 구경해도 다 못 볼 정도로 많고 화려했다.

같이 구경 다니던 관리 하나가 혀를 끌끌 차더니 말했다.

"참 많기도 많고 화려하기도 화려하다. 그러나 저런 것들이 백성들에게 무슨 이익이 된단 말인가? 저것들 모두 모아 한꺼번에 태운들 아무한테도 해가 될 것 없고, 세상도 변할 것이 없으니 모두 쓸데없는 사치품 아니겠는가? 쯧쯧."

나는 그의 말이 거슬렸지만 대꾸하지 않고 넘기려는데, 박제가는 결국 참지 못하고 대거리를 하고 말았다.

"댁은 저 푸른 산을 입을 수 있소?"

혀를 차던 관리가 무슨 말이냐는 듯, 박제가와 나를 번갈아 멀뚱멀뚱 바라보았다.

"댁은 저 흰 구름을 먹을 수 있소?"

"그게 무슨 말이오? 누가 산을 입고 구름을 먹는단 말이오?"

관리가 코웃음을 치며 박제가의 말을 농담으로 받아들였다. 그러나 내가 듣기에 박제가는 화가 단단히 난 목소리였다.

"그렇지요? 저 푸른 산과 흰 구름도 입고 먹는 것이 아니지요? 그러나 사람들은 그 산을 보며 마음의 평안을 얻고 저 구름을 보며 위안을 얻는다오. 어찌 먹을 것, 입을 것만 사람을 편안하게 하는 것이겠소? 산과 구름을 보며 눈과 마음의 평안을 가진 사람은 자체로 빛나는 법이오. 그러나 고개를 푹 숙이고 오로지 먹을 것, 입을 것만 생각하는 사람들은 향기 없이 오로지 먼지만 풀풀 날리는 사람이 아니겠소?"

박제가가 쏘아붙이는 말에 관리는 입을 벌리고 "어, 어." 할 뿐 달리 대꾸를 하지 못했다. 내가 옷깃을 잡아당기고 눈빛으로 그만하라고 하지 않았다면, 박제가는 저 하고 싶은 말을 더 쏟아 냈을 것이다.

이 일이 있고 나서 우리는 함께 구경 다니던 관리와 자연스레 멀어졌다. 나는 차라리 박제가하고만 다니는 것이 편했다. 또 누가 박제가의 뜻과 맞지 않는 말을 할지 몰랐고, 그때마다 박제가가 참지 못하고 들이받을까 봐 늘 조마조마했기 때문이다.

"여기 못 보던 책이 있는데요."

"그래? 값이 얼마나 하려나?"

박제가가 서점 주인을 불렀다.

"이보시오, 이보시오."

박제가가 몇 번 불렀지만, 피곤한 기색이 역력한 서점 주인은 우리가 부르는 소리를 듣지 못했다. 보아하니 장부를 정리하느라 몹시 바쁜 모양이었다.

"저것 보십시오."

"응? 뭘 말인가? 또 귀한 책이 있는가?"

박제가가 가리키는 곳을 둘러보았지만, 딱히 눈에 띄는 책은 없었다.

"저 서점 주인 말입니다."

"응. 서점 주인이 왜?"

"장부 정리할 것이 많은가 봅니다."

"그렇겠지. 책이 이렇게 많고, 책을 사고파는 사람도 많으니 당연한 것이 아니겠나?"

나는 그것이 왜 박제가의 눈길을 붙잡았는지 갈피를 잡을 수 없었다.

"저는 그것이 부럽습니다. 우리나라는 서쾌가 책 한 권 옆에 끼고 사대부 집을 이곳저곳 돌아다니지 않습니까? 그러나 여러 달 걸려도 한 권을 팔지 못하는 때도 있는데, 이곳엔 장부를 정리하느라 손님이 오가는 소리도 못 들을 만큼 책이 많이 팔린다는 것 아니겠습니까? 그만큼 백성들이 책을 가까이 한다는 것이 아니겠습니까? 그만큼 선비들이 마음껏 책을 읽고 있다는 뜻이 아니겠습니까? 저는 그것이 못내 부럽습니다."

나는 박제가의 마음을 헤아려 고개를 끄덕였다. 책을 살 여유가 있는 사람은 좋은 책을 알아볼 안목이 없고, 책을 알아보는 안목이 있는 사람은 책을 살 돈이 없다. 이렇게 큰 서점 거리도 없고, 서쾌가 책을 한두 권씩 들고 다니며 파는 것이 대부분이다. 그나마 우리 차지가 되는 책은 거의 없었다. 이런 곳이 있다면 날마다 마음껏 드나들며 내가 서점 주인인 양, 책의 주인인 양 책의 바다에서 노닐 수 있을 것이다. 아쉬움과 부러움이 내 가슴에도 파고들었다.

'우르르르릉! 덜컹덜컹!'

또 우레가 치는 듯한 소리가 귀를 때렸다. 연경에는 대낮에도 수레바퀴가 구르는 소리가 항상 떠들썩했다. 길거리와 시장에도 양옆에서 수레 타라고 외치는 사람이 줄을 서 있었다. 말에 멍에를 맨 수레를 세워 놓고서 손님을 기다리는데, 수레가 얼마나 화려한지, 말이 얼마나 건장한지에 따라서 값이 달랐다.

"우리, 수레 탈까요?"

박제가는 수레 타는 것을 좋아했다. 솔직히 나는 수레바퀴의 소리도 시끄럽고 흥정하는 것도 좋아하지 않았지만, 박제가는 꼭 나와

함께 수레를 타고 싶어 했다.

"자네는 수레를 참 좋아하는구만."

박제가는 내 말을 기다리지도 않고 곧바로 흥정을 했다. 10리에 50전이요, 두 사람이 탄다고 했더니 15전이 추가라고 했다. 나는 그 돈을 모아 책이라도 더 사면 어떨까 싶은데, 박제가는 수레 삯만은 아끼지 않았다.

"저는 수레야말로 움직이는 집이라고 생각합니다. 이 안에서 책도 읽을 수 있고, 손님과 마주 앉아 이야기도 나눌 수 있으니 얼마나 좋습니까? 오고 가는 시간도 아낄 수 있고, 오가는 길에 헛되이 기력을 쏟아 내지 않아도 되니 다른 일에 더 집중할 수 있잖습니까? 이보다 더 좋은 것이 어디 있겠습니까?"

수레에 몸을 싣자, 박제가는 기분이 좋아졌는지 싱글벙글 웃으며 바깥 풍경에 눈길을 돌렸다.

"그렇기야 하지. 그러나 어쩌겠나? 우리 조선은 길이 없는걸."

나도 박제가의 말에 동의했지만, 우리나라는 산이 많고 길이 꼬불꼬불하여 수레가 다닐 수 없었다. 그에 반해 중국은 앞뒤가 툭툭 트여 드넓고, 산도 별로 없어 수레가 다니기 좋았다.

"길을 만들면 되지요."

"산이 높지 않은가?"

"산을 깎으면 되지요."

"길이 좁지 않은가?"

"길은 넓히고 수레는 작게 만들면 되지요."

"고개가 많아 험하지 않은가?"

"중국 촉 땅의 잔도만큼 험한 곳은 없지요."

박제가의 말에 나는 더 이상 할 말을 찾지 못했다.

"수레가 다니면 길은 자연스레 만들어집니다. 우선 마을 안에서 다니는 농사용 수레만 사용해도 충분할 겁니다."

한번 마음 먹으면 그대로 밀어붙이는 박제가의 성격이 그대로 묻어 나오는 말이었다.

"저는 이곳을 많이 배우렵니다. 사람 위에 사람 없고, 사람 아래 사람 없는 이곳이야말로 우리가 배우고 따라야 할 곳이라 생각됩니다."

박제가의 말에는 힘이 실려 있었다. 나는 토를 달지 않고 가만히 그의 말에 귀를 기울였다.

"저는 청나라를 배울 것입니다. 무엇보다 사람살이에 도움을 주는 청나라의 학문을 배울 것입니다. 지금 당장 조선에 필요한 것들이 청나라에 저리 많은데, 조선은 청나라를 오랑캐라고 얕잡아 보고 배울 생각조차 하지 않으니 저는 하루에도 열두 번씩 화가 솟구쳐 오릅니다. 저는 청나라를 배워 조선의 백성들에게 편한 길을 열어 주렵니다."

나 또한 박제가의 말에 깊이 동감했지만, 그런 말을 입 밖에 내기는 조심스러웠다.

"그 마음이야 이해하네만, 자네가 남들 앞에서 섣불리 말을 꺼냈다가 화를 당할까 염려되네."

박제가는 나의 말을 알아듣고 고개를 끄덕였다.

"알고 있습니다. 하지만 그렇다고 언제까지 제 뜻을 속으로만 삭일 수는 없습니다."

한 달간 연경에서 지낸 뒤 길을 떠날 때 우리 봇짐은 조선을 떠날 때보다 훨씬 더 커져 있었다. 유리창에서 구한 책도 책이거니와 밤마다 쓴 글들과 낮 동안 이것저것 적어 둔 종잇조각들이 쌓여 있었기 때문이다.

"저는 조선에 돌아가면 곧장 통진으로 내려갈 겁니다."

압록강을 건너며 박제가가 다부진 목소리로 말했다.

"통진? 벗들이 자네 오기만을 기다리고 있을 텐데."

우리에게 중국 이야기를 듣고자 목을 빼고 기다리는 벗들이 있을 것이고, 오랜만에 만나 이런저런 이야기로 회포를 풀려는 벗들도 있을 텐데, 박제가는 통진으로 내려갈 결심을 이미 굳힌 듯했다. 박제가의 짙은 눈썹이 꿈틀거렸다.

"마음이 이미 정해졌구만."

　세상을 등진다는 것이 아니라 세상을 위해 뜻을 갈고닦는다는데, 굳이 말을 보탤 이유가 없었다.

"자네의 글은 분명 지금뿐 아니라 후세에도 빛날 것일세. 백성들을 돕고 세상을 비출 것일세."

　압록강 물이 박제가의 마음처럼 맑고 푸르게 흐르고 있었다.

대궐에 들어가다

 두 달간 통진에 머물며 청나라에서 보고 들은 것을 되도록 자세하게 쓰려고 노력하였다. 중국에서 돌아온 나를 찾는 벗들이 많았지만, 그때마다 이덕무가 대신 그들을 맞아 주었다고 전해 들었다. 덕분에 나는 내 시간을 온전히 누릴 수 있었다.
 나는 북쪽의 선진 문물을 배워야 한다는 의미로 내가 쓴 책의 제목을 〈북학의〉라고 지었다. 청나라를 오랑캐 나라라고 비웃는 사대부들에게 그들을 배워 우리도 변해야 한다는 내 뜻을 날카롭고 강력하게 표현한 것이다.

박지원은 고맙게도 훗날 내 책에 서문을 직접 써 주었다.

 내가 이 책을 한번 살펴보았더니, 내가 지은 〈열하일기〉와 조금도 어긋나지 않아 마치 한 사람의 손에서 나온 것 같았다. 기쁜 마음에 사흘 동안 읽었으나 조금도 싫증이 나지 않았다.

책을 마무리한 다음 해, 나는 뜻밖의 소식을 들었다.
"박제가는 어명을 받들라!"
어명? 서얼 출신인 내게 임금이 직접 분부를 내렸다는 것이 얼른 믿기지 않았다. 내가 무슨 죄를 지었나? 평소 거칠 것이 없던 나였지만, 어명이라는 말에는 심장이 두근거려 글이나 말을 잘못 놀린 것이 없는지 되새겨 보게 되었다. 그러나 머릿속을 헤집어 보아도 얼른 떠오르는 일이 없었다. 일단 나는 버선발로 뛰어나가 마당에 무릎을 꿇었다.
"소인 박제가 엎드려 명을 받들겠습니다."
"박제가를 규장각 검서관으로 임명하니, 분부대로 행하라."
규장각? 검서관? 규장각이라면 주상 전하가 왕위에 오르자마자 새로이 세운 기관이었다. 조선의 학문을 새롭게 세우려는 전하의 뜻을 담은 곳이었다. 게다가 검서관이라면 책을 검토하고 교정하는 업무를 담당하는 관직이었다.

"성은이 망극하옵니다!"

나는 땅에 납작 엎드렸다. 왈칵 눈물이 솟았다. 서얼 출신으로 이 세상으로부터 버림을 받은 줄 알았건만, 중국에 갈 기회도 있었고 이번엔 정식 벼슬을 얻어 궁궐에 드나들게 된 것이다. 꿈만 같았다. 꿈이라면 깨고 싶지 않은 꿈이었다.

듣자하니 이덕무와 유득공, 서이수도 나와 함께 검서관에 임명되었다고 했다. 나는 한달음에 이덕무에게 달려갔다. 이덕무는 버선발로 뛰어나와 나를 맞아 주었다.

"재선!"

우리는 서로 손을 부여잡고 눈물을 흘렸다. 입이 떨어지지 않았고, 말도 필요 없었다. 한참을 그렇게 서서 울고 있는데, 어느새 유득공과 서이수도 찾아왔다.

"우리에게 이런 날이 오는구려."

우리는 규장각과 궁궐에서 해야 할 일을 이야기하며 들떠 있었다. 내 나이가 서른, 이덕무의 나이가 서른아홉이었다. 양반 같으면 진작 과거 시험에 몰두하여 작은 관직이라도 했을 나이였다. 양반에

비하면 늦어도 한참 늦은 나이였지만, 그런 것쯤은 개의치 않았다.

꿈을 향해 발을 뗄 수 있다는 것, 후손에게 절망이 아니라 희망을 물려줄 수 있다는 것, 우리도 세상에 흔적을 남길 수 있다는 것, 그것이 우리를 벅차게 했다.

중국에서 가장 부러웠던 것이 굴러다니는 돌이나 짐승의 똥조차 제각각 쓰임새가 있어 자기 할 일을 하고 있다는 점이었다. 돌이나 똥도 제 역할이 있고 쓸모가 있는데, 정작 우리는 신분의 덫에 얽매여 세상에 왔다는 흔적조차 남길 수 없었다. 이대로 머물 곳 없이 여기저기 구르는 돌처럼 살다가 이 세상을 떠날 줄로만 알았다.

세상을 위해 무언가 할 수 있다는 것이 이렇게 설레고 가슴 벅찬 일일 줄이야. 나는 규장각에서 일하고 있는 내 모습을 상상만 해도 밤에 잠을 못 이룰 정도로 기쁘고 행복했다.

관복을 받은 날부터 인두질을 하고 시간만 나면 쓰다듬던 아내는 내가 대궐에 처음 들어가는 날, 관복을 입은 나를 바라보며 눈물을 훔쳤다.

"다녀오겠소."

"예, 다녀오십시오."

아내는 말을 잇지 못하고 계속 눈물만 흘렸다.

"좋은 날 왜 자꾸 우시오?"

"어머니가 살아 계시면 이 모습을 보고 얼마나 좋아하셨겠습니까? 평생 미안함으로 당신과 눈도 못 마주치고 사시지 않았습니까?"

6년 전 돌아가시던 순간까지 미안함을 감추지 못하시던 어머니의 모습이 떠올랐다.

"못난 어미로 인해 네 꿈도, 네 뜻도 펼치지 못하게 되었구나. 미안하고 미안하다."

"어머니, 그게 왜 어머니가 미안하실 일입니까? 시대를 잘못 타고 난 제 탓이요, 제 뜻을 알아주지 않는 세상 탓이지요."

아내의 말대로 어머니가 지금 내 모습을 봤다면 기쁨의 눈물을 흘리셨을 게다. 내가 꿈을 이룰 수만 있다면 당장 죽어도 여한이 없을 거라던 어머니였다.

나는 하늘을 올려다보았다. 어머니가 하늘에서 내려다보는 것 같았다.

"다녀오겠습니다."

나는 하늘을 향해 인사를 했다. 하늘에서 바람 한 줄기가 휙 불어와 내 옷자락을 펄럭였다. 어머니의 손길 같았다.

규장각 검서관이 되어

 조정에 들어온 지 어느덧 2년이 흐른 어느 봄날이었다. 전하께서 찾으신다는 소식에 우리 검서관들은 아무 말도 못 하고 염려스런 낯빛으로 서로를 바라보았다. 대궐에 드나들긴 했지만, 서얼이라는 제약은 늘 굴레처럼 우리를 얽어맸다. 있어도 없는 듯 숨을 죽이고 지내 온 시간이었다.

 "혹시 우리를 다시 내치시는 건 아닐까?"

 유득공이 걱정스레 입을 열었다.

 "에이, 그럴 리가? 맡은 바 임무를 다했는데, 이유도 없이 내치시

기야 하겠나?"

그렇게 말하는 박제가의 눈빛도 흔들리고 있었다.

나는 아무 말 없이 내관을 따라 전하 앞에 엎드렸다.

"검서관 이덕무 대령하였사옵니다."

감히 고개를 들어 볼 수 없었지만, 전하의 위엄이 멀찌감치 무릎을 꿇은 내게 전해졌다.

"검서관 생활은 어떠한가?"

어탑에서 들려오는 음성은 걱정했던 것과는 달리 아주 따뜻했다. 대궐까지 오는 동안 걸음걸음 마음을 졸였는데, 일단 한시름 놓였다.

"세상의 귀한 책을 다 볼 수 있어 더없이 즐겁게 일하고 있습니다. 성은이 망극하옵니다."

나는 더욱 고개를 조아리며 대답했다.

진실로 그러했다. 귀한 책을 볼 수만 있다면 먼 거리도 마다하지 않고 달려갈 수 있었고, 책을 읽는 일이라면 밥을 굶는 일이라 해도 기꺼이 할 수 있었다.

예전에 오른쪽 눈이 가렵고 아팠던 적이 있었다. 사람들은 책을 읽어서 생긴 병이라고 놀렸는데, 내가 생각해도 그런 것 같았다. 그

러나 그때에도 단 하루도 책을 읽지 않고는 견딜 수가 없어서 매번 실눈을 뜨고 글자를 읽곤 했다.

그 정도로 책을 좋아하는 내게 관직을 얻어 대궐을 드나들며 원하는 책을 실컷 읽는 일은 신선놀음이나 다름없었다. 나뿐만 아니라

박제가, 유득공, 서이수가 모두 같은 마음이었다.
"내 그대가 서얼로서 느끼는 소회를 듣고자 이렇게 불렀네."
'서얼'이라는 말에 나는 눈물이 핑 돌았다. 서얼을 등용하자는 논의는 선왕 때부터 있었다. 그러나 제대로 시행되지 않아 모두들 낙

심하고 있던 차였다. 그러다 지금의 전하께서 즉위하신 뒤 서얼들을 위한 획기적인 조처로 검서관 제도를 마련해 주셨다. 그러나 제도가 바뀌었다고 해서 서얼이 받는 대접이 바로 달라지는 것은 아니었다.

양반이 지나가면 얼른 뒤돌아서 다른 길로 가야 했고, 향약 같은 모임에서도 서얼들은 따로 자리를 잡아 앉아야 했다.

그런데 지금 전하께서 친히 서얼의 생활을 물으신 것이다. 우리의 처지를 헤아려 주시는 그 마음만으로도 그동안의 설움이 눈 녹듯 사라지는 것 같았다.

나에게는 잘 고쳐지지 않는 버릇이 있다. 세상 물정에 어둡고 인생살이를 잘 못하는 나 같은 사람을 이해해 주는 이를 만나면, 하고 싶은 이야기를 가리지 않고 다 털어놓는 것이다.

전하께서 내 마음을 알아주신다 생각하니 전하 앞에서도 그 버릇이 그대로 나와, 나는 어려운 자리인 줄도 모르고 그동안 서얼로서 느꼈던 울분을 내비쳤다.

"서얼은 사람 축에도 끼지 못하니, 참으로 원통한 일이 아닐 수 없습니다."

고개를 들 수 없어 용안을 볼 수는 없었지만 들려오는 목소리를 통해 전하의 인자한 표정을 읽을 수 있었다.

"나 역시 서얼의 삶을 측은하게 생각한 지가 오래되었다. 세상에서는 그대들의 관직을 부를 때조차 임시라는 뜻의 '가'를 붙여 가장령, 가지평 등으로 부른다. 오랜 시간 그렇게 부르는 버릇이 굳어져 고치기 어려우니, 이 또한 참으로 안타까운 일이다."

전하께서는 잠시 아무 말씀이 없으시다가 물으셨다.

"왜 서얼들이 주요 관직에 나갈 수 없게 되었는지 아는가?"

나는 알고 있는 대로 대답하였다.

"서얼인 정도전이 문제를 일으킨 이후 서얼 자손에게는 주요 관직에 진출하는 것을 허용하지 말도록 하는 내용이 법전에까지 실리게 되었습니다. 또 서얼 출신의 간신 유자광이 선비들을 우롱하고 정사를 어지럽혔던 점 역시 서얼들에게 관직을 주지 못하도록 하는 구실이 되었다고 합니다."

전하는 혀를 끌끌 찼다.

"문제를 일으키고 간신배 짓을 한 것이 어디 서얼뿐이더냐? 이들을 핑계로 불쌍한 서얼과 그 자손들의 벼슬길까지 막아 버렸으니, 이보다 억울하고 원통한 일이 어디 있겠느냐? 상황이 이렇다 보니 양반집에서는 서자가 있는데도 남의 아들로 대를 잇기까지 한다. 참으로 개탄할 일이다."

전하는 한참 동안 서얼이 대우받지 못하는 현실에 대해 안타까운 마음을 표해 주셨다.

나는 머리를 조아리며 아뢰었다.

"백성의 부모이신 성상의 돌보심에 깊이 감사드립니다."

임금님이 나를 알아주신다. 나의 처지와 마음을 헤아려 주신다. 하늘을 얻고 땅을 얻은 기분이 이럴까?

규장각으로 돌아온 나는 다른 검서관들에게 전하의 말씀을 그대로 전했다. 걱정으로 어두워졌던 검서관들의 얼굴이 환하게 밝아졌다.

"정말입니까? 정말 전하께서 우리 처지를 애통해하셨습니까?"

박제가가 자꾸 확인을 했다.

"그렇다네."

"정말 전하께서 우리를 측은히 여기셨습니까?"

"음, 그러셨어."

"정말 전하께서 우리가 대우받지 못하는 세상을 안타까워하셨습니까?"

"그래, 그러셨다니까."

유득공은 이내 눈물을 훔쳤다. 우리를 검서관으로 임명하신 은혜만도 바다와 같이 깊고 넓은데, 서얼들의 처지까지 헤아려 주시니 눈물을 흘릴 만도 했다.

"그 큰 은혜에 보답하기 위해서라도 더 열심히 일할 겁니다."

유득공의 다짐은 우리 모두의 다짐이기도 했다. 우리는 밤을 새워 책을 읽고, 만들고, 교정하며 정리하는 일을 즐기고 있었다. 사나흘에 한 번씩 돌아오는 숙직에 몸은 피곤했지만, 마음이 평화로우면 그것이 신선이라는 말에 공감하며 기쁘게 일했다.

규장각은 창덕궁에서도 가장 아름다운 후원의 언덕에 있다. 궁궐의 가장 아름다운 곳에서 젊은 학사들이 책과 함께 지낼 수 있도록 전하께서 배려해 주신 것이다.

검서관들은 정식 관직이 아니다 보니, 정기적으로 녹봉을 받지 못했다. 전하께서는 이를 안타깝게 여기시어 자주 먹을 것을 내려 주셨다. 생전 처음 보는 과일과 말린 생선, 곡식 등을 받을 때면 우리가 전하의 보살핌 아래에 있다는 것을 느낄 수 있었다.

"우리 아내가 생선을 좋아하니 이번엔 제가 더 가져가렵니다."

"이 과일은 진귀하니 우리 모두 공평하게 나누어 가세. 가족들이 좋아할 듯하구먼."

"아닙니다. 어르신이 식솔이 더 많으시니 더 많이 가져가셔야지요."

우리들은 장난삼아 욕심을 내기도 하고 서로 양보하기도 하면서 전하가 내려 주신 은혜를 마음껏 누렸다.

우리는 인생의 봄을 만난 듯 모두 들떠 있었다.

눈앞이 캄캄해지다

"눈이 잘 안 보입니다. 아무래도 검서관 생활을 그만두어야 할 듯합니다."

나는 침통한 표정으로 이덕무를 찾아가 말했다. 뿌연 눈은 아무리 비벼도 선명해지지 않았다.

"차도가 없는가?"

전하께서 어의에게 명해 약을 내려 주시기까지 했는데도 침침한 눈은 좀처럼 낫지 않았다. 사실 내 눈이 안 좋아진 건 하루 이틀 된 일이 아니다. 처음 입궐할 때부터 왼쪽 눈이 안 좋았었다. 그래도 이제까진 그럭저럭 견딜 만했다. 그러나 검서관 생활을 하면서 어두컴컴한 곳에 틀어박혀 밤낮으로 책을 보는 동안 약한 눈은 더욱 나빠졌다. 안경을 써도 소용없었다. 눈이 어질어질하고 머리까지 지끈지끈 아파 밤잠을 이룰 수도 없었다. 그러다 이제는 오른쪽 눈까지 나빠져 가고 있었다.

눈앞이 뿌옇고 흐릿한 것도 문제였지만 자꾸 눈곱이 끼니 남들 눈에 지저분해 보일까 걱정되었다. 그리고 무엇보다 가장 큰 문제는 내 역할을 제대로 못 하게 되어 다른 사람이 내 일까지 떠맡게 된 것이다. 더 이상 동료들을 대할 면목이 서지 않았다.

"자네 없는 규장각은 상상도 하기 싫은데……."

이덕무는 말을 흐리며 부용지 쪽으로 눈길을 돌렸다. 만발한 연꽃이 부용지를 한층 더 아름답게 수놓고 있을 텐데, 나는 그저 짐작만 할 뿐이었다.

"저 또한 이 소중한 기회를 놓치고 싶지는 않습니다. 그러나 제 욕심 차리자고 다른 사람에게, 전하께, 나라에 폐가 될 수는 없습니다."

나는 이미 결심을 굳힌 지 오래였다.

"자네처럼 강직한 사람이라면 이런 상황을 견디기 어려울 것이라

짐작했네. 자네의 건강을 생각해서라도 차마 더 붙잡지는 못하겠네."

이덕무는 더 이상 나를 말리지 않았다. 밤새는 일을 밥 먹듯 했던 나였다. 건강이 축나고 있다는 걸 느끼기도 했지만, 더 견디기 힘든 것은 마음대로 책을 볼 수 없는 것이었다.

엎어진 김에 쉬어 간다고, 이참에 숨을 고르며 건강을 살피는 것도 필요할 것 같았다. 지금은 눈병만 났지만, 더 무리하다간 건강을 크게 잃을지도 모를 일이었다. 그리고 몸이 약한 아내도 돌보고 싶었다.

"저는 이만 물러가 보겠습니다."

나는 인사를 하고 밖으로 나왔다.

그리고 얼마 후, 나는 검서관 생활을 그만두었다. 나는 그때의 마음을 시로 남겨 두었다.

눈 어지러 나무에 헛 무늬 나타나고
이따금 금가루가 어지러이 흩날린다.
잔물결에 동심원이 번져 가는 듯
볕을 받아 낙숫물이 거꾸로 떨어지듯.
어리어리 흔들흔들 이 무슨 물건인가.

잡아 보면 꽃 아니요, 막고 보면 모기 아닐세.

그 옛날 깨알 글씨 쓰던 일 탄식하니

다 닳은 몽당붓이 한 무더기 되었다네.

전하께서는 검서관을 그만둔 나를 부여 현감에 임명하셨다. 나뿐만 아니라 이덕무와 유득공, 기린협(지금의 강원도 인제)에 있다가 올라온 백동수도 차례로 지방관에 임명하셨다.

백성들을 잘 살게 하고 나라의 살림을 잘 꾸리는 일에 그동안 갈고닦은 공부를 펼쳐 보라는 전하의 뜻이었다. 책을 보는 것도 즐거웠지만, 책에서 익힌 지식을 세상에서 마음껏 실현해 보고 싶은 마음도 컸다.

"이게 꿈은 아니지요?"

나는 신이 나서 이덕무에게 달려갔다.

"참으로 꿈같은 일이네. 그나저나 자네 눈은 괜찮은가?"

그는 환한 웃음으로 대답하면서도 염려스런 눈빛으로 내 눈을 살폈다.

"너무 많은 일을 처리하느라 눈을 혹사해서 나빠지긴 했지만, 공기 좋은 곳에서 싱그러운 자연을 바라보면 좋아지지 않겠습니까?"

현감으로서 백성들에게 실질적으로 도움이 되는 일을 펼칠 생각을 하니 마음이 들떴다.

그러나 나의 부여 현감 생활은 오래가지 않았다.

"박제가 또한 큰 죄가 있으니 크게 벌하소서!"

나를 처벌할 것을 청한 상소가 들어갔다는 소식이 아는 사람을 통해 들려왔다.

"큰 죄? 내게 무슨 큰 죄가 있다 하오?"

내가 한 일을 아무리 돌아봐도 백성들이 편리하게 살 수 있도록 도움을 주려 했을 뿐, 죄라 할 만한 것은 없었다.

"불쌍한 백성들에게 나눠 주는 죽을 묽게 쑤어서라 하오. 백성들의 삶을 돌보지 않고, 창고의 곡식을 아껴 개인의 욕심을 채웠으며, 나아가 임금을 욕보였다는 것이 이유요."

나는 얼굴이 화끈거리고 가슴에 불이 일어 자리에서 벌떡 일어났다. 백성들에게 줄 죽을 묽게 쑤다니, 당치도 않은 말이었다. 게다가 그 돈을 아껴 내 욕심을 채웠다니……. 억울하고 원통하여 하늘이 무너지고 땅이 꺼지는 기분이었다. 나는 아무나 붙잡고 하소연하고 싶은 심정이었다.

"내가 죄를 짓지 않았다는 것은 하늘이 알고 땅이 알 것이오."

나는 죄가 없음을 호소했지만 의금부에서는 내게 곤장 백 대에 맞먹는 벌금을 내리고, 관직을 모두 빼앗은 뒤 멀리 유배 보낼 것을 전하께 아뢰었다.

그러자 전하께서는 그렇게 처리하는 것이 부당하다고 말씀하셨다.
"같은 잘못을 저지른 그 어떤 수령도 이런 벌을 받은 적이 없다. 더구나 박제가는 규장각에서 왕의 글을 대신 지어 준 자가 아니더냐? 다른 사람에게 내린 벌보다 무거운 벌을 내릴 수는 없는 일이다. 관직만 빼앗고 풀어 주라."

전하의 명령에 의금부에서도 더 이상 어찌지 못하고 내 관직을 빼앗는 것으로 일을 마무리 지었다.

두 눈뿐만 아니라 마음도 캄캄해졌다.

반성문을 써 올리라

 박제가의 얼굴은 날로 수척해져서 곁에서 보기에도 안쓰러울 정도였다. 부여 현감으로 가게 된 것을 그리 좋아했는데, 사람들은 이런저런 구실을 만들어 그를 자리에서 내쫓았다. 평소대로라면 끝까지 따졌을지도 모르나, 엎친 데 덮친 격으로 갑자기 더 큰일이 닥쳐 다른 데에 신경 쓸 여가가 없었다.
 "집사람 몸이 안 좋습니다."
 까칠한 얼굴로 오랜만에 나를 찾아온 박제가가 털썩 주저앉았다.
 "소식 들었네. 차도가 없는가?"

　젊은 날 박제가에게 시집와 가난한 살림살이에도 불평 한마디 없이 아이들을 잘 키운 현명한 부인이었다. 꽤 오래전부터 많이 앓고 있다고 해서 늘 걱정이 되었는데, 여전히 좋아질 기미가 보이지 않는 듯했다.
　"좋아지기는커녕 더 심해지는 것 같아 마음이 많이 아픕니다."
　박제가의 눈에 눈물이 서렸다. 어려운 시절을 함께 고생했던 아내의 아픔을 지켜보기가 힘들 것이다.
　"뭐라 할 말이 없네."
　나는 박제가의 손을 가만히 어루만졌다.
　아니나 다를까. 얼마 지나지 않아 그의 부인이 세상을 떴다는 소식이 들려왔다. 나는 시간을 내어 장례에 참석했다. 장례식은 조촐했지만, 백탑동 사랑방에 모이던 벗들이 거의 함께했다.
　"못난 지아비를 만나 평생 고생만 하다 가는 것 같아 마음이 찢어지는 듯합니다."

 박제가의 눈에 눈물이 그렁그렁했다.
 "자네같이 강직한 사람을 지아비로 섬겼으니, 부인도 여한이 없을걸세."
 "세상의 시름 다 잊고 지금은 좋은 곳에서 편안하게 쉬시겠지."
 벗들은 저마다 박제가를 위로했다. 나는 어떤 말로도 위로를 건네기가 어려웠다. 사랑하는 가족을 잃는 아픔을 내 어찌 모르랴.

애가 끊어지고 하늘이 무너지는 아픔이다. 밥을 굶어도 배가 고픈 줄을 모르고, 잠을 자지 않아도 졸린 줄을 모른다. 눈을 떠도 모습이 보이고, 눈을 감아도 그 모습이 보인다. 그 아픔, 그 슬픔을 오롯이 느끼고 있으리라.

부인상을 치른 지 얼마 지나지 않아, 이번엔 나라에 큰일이 생겼다.

부교리 이동직이 상소를 올렸는데, 채제공을 군주를 저버리고 역적을 비호하는 자로, 이가환을 나쁜 문장으로 나라를 어지럽히는 신하로 비난하면서 그들의 관직을 빼앗을 것을 청한 것이다. 전하께서는 특히 이가환이 나쁜 문장으로 나라를 어지럽히고, 백성들의 마음을 술렁이게 했다는 데 동감하셨다.

"좋은 글로 나라를 일으키고 백성을 살릴 수도 있다. 그런데 지금의 글은 가볍고 격식이 없어 나라와 백성들의 마음을 크게 어지럽히고 있다. 좋은 글이란 옛 성현들이 쓴 글같이 우아하고 예스러우며, 사람들의 마음을 바르고 부드럽게 하는 글이다. 이런 좋은 글을 쓰지 않고 나쁜 문장을 쓴 사람들은 스스로 반성문을 써 올리도록 하라!"

반성문을 올리라는 전하의 분부는 박지원을 시작으로, 나와 박제가에게까지 내려졌다. 박지원은 1780년에 중국을 다녀와 거기서 보고 들은 내용을 바탕으로 〈열하일기〉를 지었다. 이 책은 특이한 형식과 흥미진진한 내용으로, 글이 다 지어지기도 전에 선비들이 돌려 보고 베껴 쓴 것으로 유명했다. 전하께서도 그 책을 구해 보셨다고 들었다. 전하께서는 명나라와 청나라의 문집과 잡서, 소설 등은 수입하지 못하도록 했고, 문체가 나쁜 사람은 과거에 응시조차 못하게 했다.

나야 반성문 정도는 얼마든지 써 올릴 수 있었지만, 박제가가 걱정이었다. 박제가의 꼿꼿한 성격을 생각하면, 잘못이라고 여기지 않는 일에 대해서는 반성문을 쓰지 않고 버틸 것 같았다. 그 일로 행여 전하의 노여움을 사 화를 당할까 걱정이 앞섰다. 생각이 거기까지 미치자 잠이 오지 않을 지경이었다. 신경을 써서인지 기침이 나며 몸까지 아파오기 시작했다.

박제가가 늑장을 부리기 전에 나는 박제가에게 편지를 쓰기로 했다.

작년에 큰일을 당한 후 어느새 해가 바뀌었네. 새해를 맞아 어찌 지내는가? 나는 날마다 서글프다네. 늙으신 부모님의 기력이 날로 쇠약해지시는데, 흉년이라 제대로 된 음식조차 올릴 수 없어 마음이 초조하다네.

세상 사람들은 〈삼국지연의〉 같은 소설을 두고 음탕한 데다 도둑질을 가르치기도 하니 사람의 도리를 해치는 책이라 하네. 엄격히 금지해야 할 책이지. 자네도 그렇게 생각하지?

자네는 포부가 커서 더 넓은 세계인 중국을 사모하였지. 나는 그것이 작은 것에 구애받지 않는 자네의 열린 마음에서 나온 것임을 아네만, 그렇게 생각하지 않는 사람들도 있는 듯하네. 아무쪼록 반성문을 써서 올리라고 하신 전하의 분부에 순순히 응했으면 좋겠네.

지난번 보내 준 엿과 포는 늙으신 아버지께 드렸네.

얼마나 좋아하시던지……. 지난번 보내 준 종이는 잘 썼네. 고맙고 또 고맙네. 여유가 있다면 몇 장 더 보내 줄 수 있겠는가? 이만 줄이네.

박제가가 걱정할까 싶어 숨을 참으며 최대한 글씨를 반듯하게 쓰려 했지만, 계속 가슴을 뚫고 올라오는 기침을 멈출 수 없어 여러 번 글씨가 흔들렸다. 박제가는 흔들린 내 글씨를 보고 내가 기침이 심하다는 것을 틀림없이 알아차렸을 것이다.
젊은 날 나는 이런 글을 쓴 적이 있었다.

만약 나를 알아주는 벗 하나를 얻는다면, 나는 망설임 없이 10년 동안 뽕나무를 심고 1년 동안 누에를 길러 손수 오색실을 물

들일 것이다. 열흘에 한 가지 빛깔을 물들인다면 50일이면 다섯 가지 색깔을 물들일 수 있겠지. 이것을 따뜻한 봄볕에 내놓고 말려서 여린 아내에게 부탁해 백 번 달군 금침 바늘로 내 벗의 얼굴을 수놓게 하리라. 그런 다음 고운 비단으로 장식하고 예스러운 옥으로 족자의 축을 만들 것이다. 이것을 가지고 험준한 높은 산과 세차게 흐르는 물이 있는 곳, 그 사이에 펼쳐 놓고 말없이 서로 바라보다 뉘엿뉘엿 해가 저물 때면 품에 안고 돌아오리라.

나는 그런 벗을 얻었다. 말로 하지 않아도 마음이 통하고, 눈빛과 숨소리만으로도 뜻을 알아채는 벗. 세상에 나와 이런 벗을 얻었으니, 내 삶도 그리 팍팍하지만은 않았다 할 수 있다.

"쿨럭쿨럭!"

기침이 멈추지 않고 터져 나왔다. 나도 이제 늙은 모양이다. 원래도 깡마르고 약골이었던 몸이 이제는 입은 옷조차 무겁게 느껴질 정도가 되었다. 궁궐에 드나들며 책에 파묻혀 지내다 보니 체력도 많이 약해졌다. 늙으신 부모님 앞에서 약한 모습을 보이는 것이 늘 걱정이었다.

나는 수건으로 입을 틀어막았다.

"쿨럭! 쿨럭쿨럭!"

계속되는 기침 소리는 수건으로도 막아지지 않았다.

세상에 나 홀로구나

"이게 무슨 일입니까?"

나는 이덕무의 영정 앞에 털썩 주저앉고 말았다.

소식을 듣고도 설마설마하면서 달려왔는데, 이덕무의 영정 앞에 서자 저절로 다리에 맥이 풀렸다.

그럴 리가 없다. 그럴 리가 없다.

며칠 전 내게 편지를 보내 주시지 않았던가? 보내 드린 종이를 다 썼다며, 또 보내 달라고 하시지 않았던가? 이제 종이를 구해 보내려 던 참인데, 이미 저 세상으로 가고 없다니.

나는 믿어지지 않아 멍하니 영정만 바라보았다.

"아버님은 감기가 심해지시더니, 끝내 일어나지 못하셨습니다."

이덕무의 아들 광규가 고개를 떨구었다.

"선친께서는 백탑동을 많이 그리워하셨습니다. 그리고……."

광규는 슬픔을 억누르려는 듯 잠시 숨을 들이쉬더니 말을 이었다.

"자리에 누워서도 박제가 어르신을 많이 걱정하셨습니다."

가슴이 철렁 내려앉았다. 내가 그의 마지막 걱정거리가 되었구나. 어쩌면 나 때문에 그의 병이 갑작스레 위중해진 건 아닐까? 세상과 맞지 않는 내 성격이 처음으로 원망스러웠다.

소식을 듣고 백탑동 사랑방 벗들이 한달음에 달려왔다.

"이게 웬일이오?"

"이럴 수는 없습니다, 이럴 수는 없습니다."

우리 모두는 말을 잃고 멍하니 있었다. 내 아내가 세상을 뜬 지 넉 달밖에 지나지 않았는데, 또 이런 자리에서 모이게 된 것이다. 서로의 얼굴에 슬픔이 뚝뚝 묻어났다.

그러나 이덕무가 마지막 가는 길이라 생각하니, 더욱 정성을 다해 보내야겠다는 생각이 들었다. 우리 모두는 애써 슬픔을 누르고 초상을 치렀다.

이덕무의 아버지께서 살아 계셔서 장례식은 조촐하게 치렀다. 그는 마지막 가는 길마저도 평소의 성품처럼 조용하고 소박한 모습으로 떠났다.

장례를 치른 후, 나는 헛헛한 마음을 달랠 길이 없어 안의 현감으로 내려가 있는 박지원을 찾아갔다. 그는 내 손을 부여잡고 나를 걱정하였다.

"이보게, 초정. 조강지처를 잃은 지 얼마 안 되어 세상에 다시없는 벗을 또 잃었으니, 마음이 어떻겠나? 나는 자네가 걱정일세."

"……."

그랬다. 하늘이 무너지고 땅이 꺼지는 것이 이런 마음일까? 창자가 끊어지고 뼈 마디마디가 부러지는 고통, 온 살갗을 바늘로 찌르는 고통이 시도 때도 없이 찾아왔다. 그러나 이런 육신의 고통보다

더 심한 것이 마음의 고통이었다.

"맛있는 음식이 있다 한들 누구와 그 맛을 느낄 것이며, 향기 나는 물건이 있다 한들 누구와 그 향기를 맡겠는가? 또 마음이 있다 한들 누구와 그 생각을 같이하겠는가?"

박지원은 나의 마음을 환히 알고 있었다.

이덕무가 이 세상을 떠날 적에 마지막 걱정거리가 나였다니……. 나는 그가 편안히 눈감으실 수 있도록 그의 권유대로 반성문을 올리기로 했다. 그러나 내가 무엇을 잘못했는지, 내 문장을 왜 옳지 않다고 인정해야 하는지 납득이 가지 않았다. 집으로 돌아온 나는 붓을 들었다.

    남들은 저의 잘못을 두 가지로 말합니다. 그중 학식이 높지 못한 것은 분명 저의 잘못입니다. 그러나 남과 성격이 다른 것은 저의 잘못이 아닙니다. 이를 음식에 비유해 보겠습니다. 제사상의 자리를 놓고 말하면, 기장과 좁쌀은 앞자리에 놓이고 국과 포는 뒷자리에 놓입니다. 맛의 경우 젓갈에서 짠맛을 얻고 매실에서 신맛을 얻으며, 겨자에서 매운맛을 취하고 찻잎에서 쓴맛을 취합니다. 만약 소금이 짜지 않고 매실이 시지 않으며, 겨자가 맵지 않고 찻잎이 쓰지 않음을 책망한다면 그 책망은 정당합니다. 그러나 소금과 매실, 겨자와 찻잎에게 "너희들은 왜 기장이나 좁쌀과 다르냐?"고 책망하거나 국과 포에게 "너희는 왜 제사상 앞으로 가지 않느냐?"고 꾸짖는다면 이는 실정을 모르고 죄를 뒤집어씌우는 것입니다. 만약 이런 식이라면 그로 인해 천하의 맛있는 음식은 모두 사라질 것입니다.

글을 마치고 밖으로 나왔다. 차가운 바람이 뜨겁게 달아오른 뺨에 서늘하게 닿았다. 하늘을 올려다보니, 이덕무가 나를 굽어살피기라도 하듯, 그의 눈빛을 닮은 별들이 무수히 반짝이고 있었다.
전하의 명이 내려온 건 그 후였다.

지금 책들을 펴내는 것을 보니, 세상을 뜬 검서관 이덕무의 학식과 능력이 아직도 잊히지 않는구나. 그의 아들인 이광규가 상을 마쳤다고 하니, 그를 검서관으로 특별히 임명하라. 또 그의 집안 형편을 볼 때 이덕무가 남긴 글들을 문집으로 만들기 어려울 것이다. 이에 500냥을 특별히 내리니, 다른 신하들도 모두 도와 속히 문집을 만들도록 하라.

　전하의 특별 분부로 이덕무의 문집이 빠른 시간 안에 만들어질 수 있었다. 박지원이 이덕무의 일생을 풀어 쓰고, 이서구는 묘지명을 지었다. 이덕무의 문집 〈아정유고〉는 그렇게 만들어졌다.

벗 만나러 가는 길

"이게 얼마 만입니까?"

꿈에도 그리던 이덕무를 만났다. 그는 평소 모습 그대로, 온화한 웃음을 띤 채 나를 바라보고 있었다. 평소 내 눈은 뿌연 상태로 사람도 잘 못 알아볼 정도였다. 그런데 이상하게도 지금은 이덕무의 모습이 또렷하게 보였다.

나는 손을 뻗어 이덕무를 붙잡으려 했다. 하지만 그의 옷자락은 닿을 듯 닿지 않았다. 내가 한 발을 내밀자, 이덕무는 딱 그만큼 멀어졌다.

"제가 보고 싶으셨지요? 제가 그리우셨지요?"

이덕무는 가타부타 말없이 그 웃음 그대로 나를 지긋이 바라보셨다. 그동안의 고생을 알아주는 듯, 힘들고 외로웠던 내 마음을 알아주는 듯한 눈빛에 마음이 스르르 녹는 듯했다.

그러나 그를 바라보면서도 이것이 현실이 아니라는 것을 느끼고 있었다. 이덕무를 그리워하는 나의 애타는 마음이, 하늘에서도 나를 아끼는 그의 마음과 만나 꿈으로 나타난 것이리라. 이것이 헛것이라 해도 나는 이덕무와의 만남을 놓치고 싶지 않았다.

"꿈이라도 좋으니, 부디 오래 계셔 주십시오."

나는 이덕무를 잡으려던 손을 내리며 말했다. 다가가는 걸음을 멈추자 그도 더 이상 멀어지지 않았다.

"그동안 많은 일이 있었습니다."

나는 넋두리하듯 지난날의 일을 읊었다. 누군가에게 자꾸 스러져만 가는 내 삶의 이야기를 털어놓고 싶었다.

저희를 애틋하게 여겨 주시던 전하께서 승하하셨습니다. 이미 만나셨겠지요?

전하께선 저의 허물을 덮어 주곤 하셨지요. 서얼 출신으로 당상관

반열에 있던 저를 마땅찮게 여기던 심환지가 사소한 꼬투리를 잡아 저를 파직시키려 했을 때에도 '원래 기질이 그래서 예의를 갖추지 못해 그런 것이니 나무랄 것 없다. 다음부터 그런 일이 없도록 주의만 주라.'라고 말씀하셨습니다.

전하께서 갑자기 세상을 뜨셔서 저는 또다시 하늘이 무너지는 것과 같은 충격을 받았습니다. 세상에 태어나 사람 취급도 받지 못하는 서얼들을 거두어 지극한 사랑을 베풀어 주신 전하가 아니셨습니까? 덕분에 궁궐에 드나드는 꿈같은 시간을 보내며 그곳에 보관된 귀하디 귀한 책을 마음껏 읽을 수 있었습니다.

저는 승하하신 전하를 위해 이런 시도 지었답니다.

    성인이 있다는 이야기만 듣다가
    내가 직접 성인을 만났다네.
    말씀으로 밝히신 것 하늘처럼 높디높고
    세상에 끼친 은혜 땅처럼 두텁다네.

시가 있었기에, 이토록 힘든 시간을 그나마 견딜 수 있었지요.

한 많은 이 세상, 이제 미련 없이 떠나고 싶지만 아들도 딸도 먼저 보낸 못난 아비가 하늘에서 무슨 낯으로 가족들을 볼지 걱정입니다.

딸의 시아버지가 역모를 꾀하는 글을 썼다 하여 집안이 망하고, 저 또한 그 일에 얽히고 말았지요. 아무리 억울함을 외쳐도 소용없는 일이었습니다.

전하께서 세상을 뜨시자마자 저는 반란을 꾀한다는 억울한 누명을 뒤집어쓰고 모진 고문을 당한 후 함경도로 귀양을 갔습니다. 서얼 출신의 보잘것없는 벼슬아치가 분수도 모르고 나라를 걱정하여 이것저것 제안한 것이 양반들에게는 눈꼴사나웠겠지요.

살을 지지는 고문과 머나먼 곳에서의 유배 생활로 저의 몸과 마음은 만신창이가 되었지만, 정신만은 흔들리지 않았습니다. 나의 억울함은 하늘이 알고 땅이 알며, 아는 사람은 다 알 것이라고 생각하니 두렵지 않았습니다.

훗날 누명이 벗겨지고 정순 왕후께서 친히 귀양살이를 면하게 해 주라는 분부를 내렸지만 의금부에서는 명을 듣지 않았습니다. 고향에 돌아온 뒤로도 마음대로 돌아다니지 못하고 한동안 집에 갇혀 있다가, 1년이 지난 뒤에야 죄인의 신분에서 벗어날 수 있었습니다.

그래도 그대가 하늘에서 지켜본다 생각하니 하루하루를 버틸 수 있었습니다. 때가 온 것 같습니다. 이제는 저도 그대를 따라가고 싶

습니다.

　모진 고문과 오랜 유배 생활로 제 몸은 많이 축나 있습니다. 숟가락 들 힘조차 없어 벌벌 떨리고, 다리가 허청거려 바깥나들이는 꿈도 꿀 수 없습니다. 이러다 보니 자리에 누워 있는 날이 많지요. 눈이 침침한 것도 여전합니다.

　백탑동 사랑방에 모여 벗들과 시를 나누고 학문을 논하던 일이 어제 일처럼 생생합니다. 고단한 삶이었지만, 백탑동 사랑방 친구들이 있어 지치지 않고 웃을 수 있었습니다. 그대를 만날 수 있었으니, 어쩌면 내 삶도 그리 팍팍하진 않았는지도 모르겠습니다.

　저를 데려가 주십시오.

　나는 다시 손을 내밀었다. 이번엔 이덕무도 피하지 않고, 손을 뻗어 내 손을 잡았다. 늘 그렇듯 그의 손은 따뜻했다. 허청거리던 다리에 힘이 들어갔다. 땅을 힘차게 딛고 나자 몸이 날개를 단 듯 가벼워지며 떠올랐다. 이덕무와 나는 눈 아래 펼쳐진 풍경을 바라보았다. 거기에는 우리가 함께했던 백탑이 우뚝이 서 있었다. 나란히 떠나는 길이 어디로 향해 있는지는 몰라도 나는 전혀 두렵지 않았다.

　나는 조용히 눈을 감았다. 서늘한 바람이 옷깃을 스쳤다.

작가의 말

세상에
나를 알아주는
단 한 사람만 있다면

인디언 카도 족의 말로 친구란, '나의 슬픔을 함께 짊어지고 가는 자'라고 합니다. 이 세상에 슬픔을 함께 나눌 수 있는 사람이 딱 한 명이라도 있다면 아무리 힘들고 어려운 세상이라도 힘을 내며 살아갈 수 있을 테니까요.

조선 시대에도 그런 우정을 나눴던 사람들이 있습니다. 바로 이덕무(1741-1793)와 박제가(1750-1805)입니다. 이덕무는 박제가보다 아홉 살이나 많았고, 키가 크고 호리호리했습니다.

박제가는 키가 작고 땅땅한 체격이었지요. 이덕무는 부드러운 성격이었지만, 박제가는 하고 싶은 말은 꼭 할 정도로 거침이 없었습니다.

이렇듯 두 사람은 모든 것이 달랐지만, 가난한 서얼이라는 처지는 같았습니다. 서얼은 본부인이 아닌 여인에게서 태어난 자식입니다. 서얼의 운명은 태어날 때부터 정해져 있습니다. 서얼은 잘못한 것 없이도 양반들의 무시를 받았고, 아무리 실력이 뛰어나도 대대로 벼슬길에 나갈 수 없었습니다. 그렇다고 돈을 벌기 위해 아무 일이나 할 수도 없었지요.

분노하고 절망하기 십상인 세상이었지만, 박제가와 이덕무는 서로의 처지를 이해하고 다독여 주는 둘도 없는 친구가 되었습니다. 아무 말이나 할 수 있고, 아무 말 하지 않아도 마음이 통하는 벗이 있었기에 박제가와 이덕무는 가난과 서얼이라는 운명의 굴레에 함

께 맞설 수 있었던 것입니다. 훗날 정조가 이들의 재주를 귀하게 여겨 궁궐에서 일하게 했을 때도 두 사람은 함께였기에 더욱 기뻐했습니다.

 이들의 삶을 들여다보면 박제가와 이덕무야말로 서로의 슬픔을 함께 짊어지고 간 친구라는 걸 알 수 있습니다. 팍팍하고 답답한 세상을 살면서도 자기의 마음을 그대로 알아주는 친구가 있었기에, 두 사람은 당당하게 세상의 파도를 헤쳐 나갈 수 있었습니다.

우리 친구들 곁에도 함께 웃고 함께 울어 줄 든든한 친구가 있길 바랍니다. 여러분이 먼저 누군가에게 그런 친구가 되어 주면 더 좋겠지요.

이 책이 여러분에게 힘을 주는 친구 중 하나가 될 수 있다면 더욱 고맙겠습니다.

여러분의 든든한 친구가 되고 싶은
김민경